SUICIDES AU SINGULIER

Du suicidaire au suicidant : la mort dans l'acte

BIBLIOGRAPHIE DE L'AUTEUR

Ouvrages déjà parus :

L'acte suicide, Paris, Hommes et groupes, 1988.

Les déclinaisons du corps, en collaboration avec le docteur Mazeran, Marseille, Hommes et perspectives, 1989.

La diagonale du suicidaire, Editions l'Harmattan, 1991.

Pour une théorie du sujet limite, en collaboration avec le docteur Mazeran, Editions l'Harmattan, 1994.

ISBN : 2-7475-1005-0

Silvana OLINDO-WEBER

SUICIDES AU SINGULIER

Du suicidaire au suicidant : la mort dans l'acte

L'Harmattan
5-7, rue de l'École-Polytechnique
75005 Paris
FRANCE

L'Harmattan Inc.
55, rue Saint-Jacques
Montréal (Qc) CANADA
H2Y 1K9

L'Harmattan Hongrie
Hargita u. 3
1026 Budapest
HONGRIE

L'Harmattan Italia
Via Bava, 37
10214 Torino
ITALIE

Collection ***Psychanalyse et Civilisations***
dirigée par Jean Nadal

L'histoire de la découverte de la psychanalyse témoigne que démarche clinique et théorie issues de champs voisins ont concouru, par étayage réciproque à élaborer le concept d'inconscient, à éclairer les rapports entre pathologie et société et à reconsidérer les liens entre le malaise du sujet singulier et celui de la civilisation.

Dans cette perspective, la collection "Psychanalyse et Civilisations" tend à promouvoir cette ouverture nécessaire pour maintenir en éveil la créativité que Freud y a trouvée pour étayer, repenser et élargir la théorie. Ouverture indispensable aussi pour éviter l'enfermement dans une attitude solipsiste, qui en voulant protéger un territoire et préserver une identité, coupe en réalité la recherche psychanalytique de ses racines les plus profondes.

Dernières parutions

La structure de la pensée (livre II), CLAUDE BRODEUR
La vie de l'esprit (livre III), CLAUDE BRODEUR
Essai sur les phénomènes transgénérationnels, J.P. DUTHOIT
Le corps et l'écriture, CLAUDE JAMART et VANNI DELLA GIUSTINA (eds).
Travail culturel de la pulsion et rapport à l'altérité, H. BENDAHMAN (sous la direction de), 2000.
Autisme, Naissance, Séparations. Avec Thibaut sur le chemin. Chronique d'un parcours psychanalytique avec une enfant de quatre ans, B. ALGRANTI-FILDIER, 2000.
Critique littéraire occidentale, critique littéraire arabe, « textes croisés », MOHAMED OULD BOULEIBA, 2000.
Tentation paranoïaque et démocratie, Jean-Pierre BÉNARD, 2000.
Bilan personnel et insertion professionnelle, Florian SALA, 2000.
MALDAVSKY DAVID, *Lignages abouliques, processus toxiques et traumatiques dans des structures intersubjectives,* 2000.
PORRET Jean-Michel, *Temps psychiques et transferts,* 2000.
MOREAU DU BELLAING Louis, *La fonction du libre-arbitre. Légitimation II*, 2000.
GUYON Robert, *Fragments d'une passion,* 2001.
DANJOU Marie-Noëlle, *Raison et folie,* 2001.

PREAMBULE

Nous ne sommes pas au clair avec le suicide. Pourquoi persiste-t-il encore une telle aura d'énigme autour d'un phénomène avéré depuis le début de l'Histoire, alors qu'on a produit tant de recherches dans tant de disciplines ? Les philosophes, les historiens, les sociologues, les juristes laïcs et religieux, les statisticiens, les médecins, les psys de tous ordres se sont penchés sur la question et pourtant, en fin de compte, chacun finit par déclarer qu'il subsiste une part de mystère à la limite de son enquête ou de sa réflexion. Les modalités de l'acte suicide ont livré leurs secrets mais l'essence de l'acte, sa logique interne semble toujours reculer à mesure qu'on s'en approche.

Voilà un acte paradoxal générant des effets paradoxaux sur les penseurs occidentaux qui, sur ce point, finissent régulièrement par avouer une certaine impuissance.

En comparaison, la culture du Japon, parait avoir trouvé avec la logique suicidante un rapport d'évidence et de nécessité qui échappe à la culture judéo-chrétienne.

Nous en sommes encore à segmenter l'acte en fonction des disciplines qui l'abordent, tant il est vrai que nous ne réussissons pas à résoudre l'équation suicidaire globale dont le premier résultat apparent consiste à faire passer un moment d'intimité absolue en un objet social et collectif.

Le droit collectif à supprimer la vie provoque moins d'énigme. Les guerres, les génocides, la peine de mort, révoltent nos sentiments mais ne heurtent pas notre raison. Les destructions collectives sont bouleversantes sans produire pour autant un effet d'impasse logique. Nous comprenons la mort donnée par le groupe, elle ne fait pas mystère même lorsqu'elle soulève le cœur dans l'abjection.

Les signifiés de la mort collective prolifèrent librement tandis que le signifié du suicide reste marqué d'un coin d'incohérence voire de sidération du sens.

Ne devrait-on pas finir par admettre que ce qu'on comprend mal est mal problématisé ?

Se pourrait-il que quelque chose, quelque force intellectuelle fasse obstacle, depuis des siècles à une problématisation rationnelle de l'agir suicidaire ?

Quel pourrait être le facteur inconscient qui empêcherait nos esprits occidentaux de réussir à naturaliser cet acte ? Non pas, bien sûr, pour le faciliter - il se facilite tout seul si l'on en croit les statistiques récentes - mais pour qu'il cesse de produire des ondes pathogènes sur l'entourage des suicidés ou sur les suicidants potentiellement récidivistes - soit 50% d'entre eux.

Partons d'une base simpliste : la valeur de responsabilité dans l'agir suicidant. Quel principe d'organisation pourrait aller de soi si volontariat et responsabilité ne se recouvrent pas ?

Lorsque le volontariat pour la mort recouvre une valeur culturelle de responsabilité individuelle, le suicide apparaît comme un acte évident. C'est le cas pour les Japonais, mais aussi en Occident, ponctuellement ou sectoriellement (suicide des stoïciens, des citoyens, grecs ou romains, confrontés au déshonneur). Lorsqu'un sujet est reconnu comme suffisamment libre et suffisamment citoyen, il n'y a pas d'incompatibilité logique entre les notions de suicide, liberté et citoyenneté.

De même, si l'irresponsabilité est le régime courant, il est plus simple de comprendre le suicide comme un délit. L'irresponsabilité statutaire des esclaves ou des prisonniers, confère à tout geste suicidaire une valeur de délinquance sans ambiguïté.

En tant qu'acte responsable le suicide va de soi comme manifestation de la liberté du sujet ; en tant qu'acte irresponsable il va de soi comme manifestation d'une transgression de la loi, de la raison ou de la norme du groupe, mais la question devient plus complexe lorsque la valeur de responsabilité est floue ou ambivalente. Par exemple si l'on prône la responsabilité globale du sujet dans ses actes, sauf pour un acte, il est clair que cet acte prend une position aporétique au regard de l'ensemble. On tentera plus loin de proposer une hypothèse sur la construction d'une telle position aporétique dans notre culture occidentale.

Si l'impasse logique provoquée par la question du suicide peut se découvrir dans le morcellement des théories et leur aveu d'insuffisance qu'en est-il chez un individu ? Comment, pour un Sujet suicidaire va résonner le paradoxe : tu es un Sujet, mais... ?

L'acharnement de certains à prouver leur identité subjective donne à penser que le passage à l'acte prend valeur d'un traitement du doute. Symptôme ? C'est Don Juan ou c'est Judas : l'un défie la mort jusqu'à ce qu'elle se dérange, l'autre se suicide pour un acte inexpiable qui de toute façon avait été programmé pour lui. Etranges figures du sacrifice ! Pour une cause évanescente, sur un autel très singulier, et pourtant imbriqué dans un réseau de déterminants sur-humains.

Chaque suicidant est aux prises avec son énigme. Comment la traitera-t-il pour réussir l'exploit de nous léguer son doute fondamental post-mortem ou de nous le faire partager quand il en réchappe ?

Le vouloir mourir interpelle l'ensemble des hommes. C'est une remise en question radicale de l'appartenance à cet ensemble. Mais, en même temps c'est toujours d'une mort solitaire que meurt un homme. On voit que le suicide relance simultanément deux logiques, l'une catégorique, l'autre élémentaire. Dans quelle mesure ces deux logiques vont-elles se recouvrir ?

Lorsqu'on dit de quelqu'un qu'il attente à « ses » jours est-on bien sûr qu'il s'agit de « ses » jours ? Si l'on demande au suicidant d'en rendre compte c'est, au moins, que le doute existe.

On a répertorié de nombreuses fonctions du suicide : suicide de fuite, d'agression, de sacrifice, de communication, suicides ludiques et tant d'autres encore ; or le suicide est avant tout un acte probatoire qui permet, accessoirement, d'obtenir quelques bénéfices fonctionnels tels que décrits par les typologies du suicide : chantage, vengeance, fuite, châtiment, don de soi, etc. Mais, comme tout symptôme se donne à voir par ses manifestations secondaires, l'agir suicidaire apparaît d'abord comme déterminé par les évidences qui servent de champ d'application à sa logique fondamentale : établir une preuve.

Sans être un refoulé, la logique probatoire est masquée et ne se manifeste pas ouvertement ni même consciemment. Le suicide n'est donc pas un retour de refoulé, mais il faudra quand même le considérer comme un retour. Retour de quoi, ou retour sur quoi ? Nous le voyons comme unique possibilité d'un retour à l'acte originaire par lequel un sujet s'arrache au Réel traumatique qui le constitue pour fonder d'un trait symbolique sa condition de Sujet.

L'agir suicidaire est un retour sur soi en acte ; c'est une évidence au niveau gestuel mais c'est aussi, par un geste, traduire la nécessité d'une refondation du sujet au niveau d'origine psychique où s'est ouvert le registre de l'humain. C'est ce qu'il faut démontrer.

Avant de pouvoir procéder à des déplacements fractionnés à l'échelle des représentations imaginaires, l'économie des premiers temps du surgissement et de l'accommodation du verbe humain dans l'homme procède par des mécanismes de grande ampleur qui, de plus, ne sont pas nettement différenciés des registres sensuels et émotionnels.

C'est ainsi que l'économie archaïque se gère par des revirements en tout ou rien, des oppositions sans nuances, des retournements, des agirs spontanés, des sentiments massifs et éphémères, dans un climat d'approximation sémantique.

Ce n'est pas encore le temps du refoulement, c'est d'abord le temps de la répétition, le battement originaire qui se formule : « Y-A-d'l'Un »/Y-A-pas, doit se répéter sous diverses formules jusqu'à ce que ce premier trait de l'Un enchaîne le sujet à d'autres qui sont là.

Le suicide nous montre que le sujet conserve un tracé réversible de son origine, et que certains seuils critiques nécessitent le recours à la répétition originaire, c'est-à-dire à une reprise en acte de la fondation du Sujet.

On voit bien que les clivages fondamentaux : actif/passif - amour/haine - dedans/dehors - moi/non-moi passent, en s'inversant, par la position du sujet qui en constitue l'axe de retournement.

La répétition originaire est d'abord répétition de ces retournements avant d'être répétition d'une situation. La situation n'est que le déclencheur des retournements, elle n'en est pas la cause.

Un tel régime de retournements sur soi et en son contraire entérine et consolide le trait originaire où s'établit la première identification. Sur cette première identification, il faudrait revenir, car la théorisation n'en est pas simple. En tant que premier trait distinctif, on peut considérer que le sujet s'extrait lui-même d'une identification globale primaire avec son ensemble relationnel, mais on peut dire aussi que ce trait marque deux territoires : celui des identifications ultérieures qui constituent le Moi, et celui de l'Idéal du Moi dont la souche est prise dans l'ensemble environnement/moi que Freud désigne aussi comme figure toute-puissante de « père de la horde primitive ».

En quoi le suicide joue-t-il sur les mécanismes identificatoires ?

Si nous lui reconnaissons ce potentiel économique de revenir à la case départ de l'originaire, on voit également qu'il peut faire fonction de discriminant entre les identifications du Moi et celles de l'Idéal du Moi.

En tant que tendance agie au retour sur soi, l'acte suicide met en œuvre la topique de l'Idéal, c'est-à-dire un jeu de regards entre instances, où le sujet vacille entre ce qu'il est et ce qu'il devrait être, c'est-à-dire un point virtuel où un véritable regard a marqué la valeur du sujet dès son origine, point virtuel d'où chaque fois qu'il mesurera son image, le sujet se verra regardé par l'autre.

On ne peut pas étudier sérieusement le suicide sans passer par la trame de l'Idéal du Moi, de sa souche originaire englobante et sur-puissante jusqu'aux élaborations ultérieures que les modèles idéaux y déposeront : figures de chefs, de maîtres, de meneurs... mais aussi dépôt, plus opaque, de tous les agresseurs qui se sont présentés comme cause d'un débordement traumatique des défenses de l'individu.

Mais, dans le fond, une telle problématique ne concerne-t-elle pas le sort commun des aléas de la structuration de chaque individu ? Est-il bien justifié d'en préciser une catégorie à part qui concernerait les individus suicidaires ?

C'est là que nous aurons recours à la notion de névrose traumatique originaire, arguant du principe que la théorie du traumatisme généralisé (par exemple le trauma de la naissance) nous rend peut-être tous potentiellement suicidaires, comme nous sommes tous potentiellement névrosés, mais que le seuil de réalisation de ce potentiel est nettement abaissé chez certains individus que nous avons qualifiés de Sujets-limite.

L'expérience clinique nous révèle que certains présentent des traces originaires induisant une distorsion significative, aussi bien dans l'édifice des identifications que dans la réactivité à l'impact de l'influence de l'environnement. Ces deux facteurs contribuent à la constitution d'un système de défense caractérisé par sa labilité, d'où toute une symptomatologie qui mérite, selon nous, une place à part dans la nosographie. La clé de lecture en est la notion de traumatisme qu'il faut définir, non plus par ses causes externes, mais par ses effets psychiques, quand bien même le contexte en serait perdu.

Le traumatisme, quelle qu'en soit la cause, est le vécu de totale impuissance que provoque une effraction de l'autre dans la cohésion interne. Le premier effet d'une telle effraction va se traduire par une rupture du pare-excitation. Il en résulte d'abord une impossibilité de se calmer autrement qu'en se dépersonnalisant, puis une sidération dont le sujet ne peut émerger qu'en s'identifiant à ce qui l'agresse. Pour s'arracher au chaos, il faut devenir ce qui vous détruit. Voilà encore une formule paradoxale. On la rencontre régulièrement au cours des thérapies de suicidaires. On voit ainsi que dans la structuration suicidaire, l'Idéal du Moi distille un régime de férocité et de terreur autrement plus dangereux que le régime de l'interdit du Surmoi œdipien.

La férocité de l'Idéal du Moi est soutenue par les répétitions compulsives qui commémorent la figure de l'agresseur tout en déstabilisant les équilibres défensifs par des retournements multipliés du binôme agresseur/agressé.

Ainsi, dès ce préambule, la paradoxalité du suicide nous amène à saisir la singularité de l'acte dans un nouage particulier, où l'unicité se perd dans sa négation, et se retrouve dans sa suppression par la figure de l'identification à l'agresseur. Cette figure se superpose au trait originaire de l'Idéal du Moi. Du point de vue de l'idéal il faut retenir que l'Idéal en devient le carrefour le plus pulsionnel : là où il n'est d'intérêt que de vie ou de mort. En ce sens, le carrefour suicidaire n'est jamais totalement étranger à chacun il suffira parfois d'un deuil, d'un accident, d'une perte irréversible pour qu'on puisse sentir le tropisme du suicide. Il ne faudrait pas en conclure que le passage à l'acte tient seulement à une question de gradation de la valeur de la perte ; au contraire, la pathologie du Sujet-limite suicidaire tire sa spécificité de ce que la valeur de la perte est sans commune mesure avec le retentissement interne de cette perte. En effet, on peut constater dans cette configuration pathologique que certaines pertes d'objets basculent dans l'effondrement narcissique, du simple fait d'une connexion entre un élément de la réalité actuelle avec la figure Idéale de l'agresseur d'un trauma archaïque.

Traiter le suicide par la voie de la perte d'objet, sans prendre en compte le conflit entre les figures idéales, c'est rater la rencontre avec le suicidant.

Sous la couverture d'une histoire d'amour malheureuse ou d'un échec, ou de parfois presque rien, le sentiment de honte de celui qui nous parle doit réveiller en nous ce point du regard virtuel où se joue la vraie scène. Tout en parlant de ses déboires le sujet est en question sur une question de vie et de mort qui ne date pas d'hier.

Si le suicide questionne de si près la structure psychique, c'est qu'il met en acte, dans un symptôme ponctuel, la question même de la structure du Sujet, c'est-à-dire la dynamique de disparaître pour apparaître, qui constitue le battement essentiel du fonctionnement psychique. A cela près que dans l'acte, le battement s'emballe et s'amplifie jusqu'à déborder son champ de syntaxe psychique pour se réaliser, pour se vérifier par une application probatoire.

I - SUICIDE ET DEUIL

Comme toute action où s'engage le risque corporel jusqu'à une limite mortelle, l'agir suicidaire nous confronte à une économie de crise : accélération des processus de tous ordres, débordement du mental par le passage à l'acte, amplification des affects, défaillance des défenses par compromis.

En période de crise, le travail thérapeutique est toujours délicat, tant avec les patients qu'avec leurs proches. En effet, comment rester neutre soit lorsqu'on vous questionne sur le pourquoi de la mort volontaire, soit lorsqu'on perçoit qu'un processus d'autodestruction entre en phase active ?

Dans les prémisses de la crise, on sent bien qu'il y a, comme un défi, une imminente déflagration n'attendant que le moindre prétexte pour enclencher le passage à l'acte. Comment garder sa neutralité ?

De même, comment ne pas être trop empathique ou trop défendu avec les proches d'un suicidé, qu'ils soient vos patients ou pas ? Ici, le risque de perte de neutralité ne tient pas tant au maniement technique de la relation qu'au surgissement inévitable d'un rapport immédiatement contre-transférentiel chez le thérapeute, car, malgré nos efforts, nous sentons que nous avons quelque chose en commun avec ceux qui viennent nous parler de la mort d'un parent ou d'un ami proche. Ce « nous » n'est pas un pluriel de majesté, il désigne de nombreuses personnes ayant eu à soigner des suicidaires avant qu'ils ne réussissent une ultime tentative ; ce sont donc des soignants : infirmiers, psychologues, psychiatres, qui ont parlé d'un malaise éprouvé au chevet des suicidants, à gérer ces situations post-suicidaires. Mais, au-delà des professionnels, il y a les familiers, bien sûr, et aussi l'environnement relationnel moins étroit : un malaise vague saisit tous ceux qui ont à faire au suicide, un malaise sous-jacent à des deuils terriblement douloureux. Ce malaise, on peut aussi le détecter dans l'ensemble du corps social, par le fait que la représentation du suicide gêne toujours ; on baisse le ton quand on en parle, on devient précautionneux, alors qu'à longueur de journaux télévisés on parle de cadavres sans aucun complexe, du même ton que pour commenter des résultats sportifs ou un concours agricole. Le suicide semble subir comme un refoulement mal élaboré de « l'énigme » que pose à chacun de nous l'expression d'un désir de mort volontaire.

Qu'avons-nous en commun qui nous perturbe autant ?

Peut-être un remords de n'avoir pas été en mesure de rendre la vie plus attractive que la mort. Peut-être aussi un syndrome plus diffus, moins évident, dans cette catastrophe intime. Il est certes plus facile d'observer des troubles mentaux lors de catastrophes collectives, pourtant la mort par suicide est, pour le moins, une catastrophe à l'échelle de la famille, qui produit des troubles analogues au syndrome du survivant.

Un suicidé transforme ses proches en survivants d'un massacre singulier. La mort volontaire, n'étant pas une mort ordinaire, fait scandale par le désordre radical qu'elle inscrit, au-delà des faits, dans les représentations rassurantes du lien social, étayé sur la connivence d'un confort économique plus ou moins partagé. L'acte suicide a l'art de retourner la question ontologique : le « pourquoi suis-je en vie ? » se transforme en « pourquoi ne suis-je pas mort ? ».

« pourquoi ne suis-je pas mort ? », c'est aussi la question axiale d'un syndrome du survivant.

Les rescapés de certains accidents, de catastrophes naturelles ou sociales, et même les rescapés des holocaustes, nous ont appris qu'ils sont en proie à un sentiment irrationnel de culpabilité. Ils se posent, parfois de façon obsédante, la question du survivant : pourquoi pas moi ?

Ce pourquoi s'adressant à la mort transforme le rapport du sujet à sa mythologie personnelle. C'est ainsi qu'une fatalité naturelle, la mort, notre lot commun, est promue par un désastre collectif ou individuel en question éthique.

Sans doute, tous les parents d'un suicidé ne s'interrogent-ils pas selon une formule identique ; il n'en demeure pas moins que tous en viennent à s'inquiéter, de façon consciente ou inconsciente, de prendre la mesure de leur part de responsabilité dans la mort de l'autre. Des amis, des voisins, des relations lointaines en arrivent à ce même questionnement. On découvre alors que le suicide réussi produit un champ d'influence d'ordre éthique parce qu'il propage la nécessité de questionner la mort : si le « pourquoi la vie ? » est la question du suicidaire, « pourquoi la mort ? » surgit nécessairement dans l'esprit de ceux qui constatent l'efficience de la décision de mourir.

Interpeller la mort pour lui trouver un sens est au cœur de la problématique des survivants, c'est-à-dire tous ceux qui ont expérimenté un voisinage brutal avec la mort tel que le non-sens de leur propre vie tend à se redéfinir en fonction de la mort de l'autre.

Les rescapés d'un cataclysme spectaculaire acquièrent aux yeux de tous une nouvelle identité, celle de survivants. La mort massive entraîne l'imaginaire jusqu'à pouvoir admettre la possibilité de sa propre mort ; vivre se redéfinit par rapport à cette possibilité de la mort. C'est moins clair, parce que moins visible, pour les rescapés du cataclysme intime qui survient dans une famille par le choc d'un suicide réussi. Pourtant, là aussi, les processus identificatoires s'activent, non pas sous l'effet de la masse numérique qui attire « tout le monde », mais sous l'effet d'une production symbolique de la coupure qui transforme l'acte d'un seul en signifiant pour chacun qui s'en approche.

Quelques rencontres cliniques m'ont suggéré d'étendre cette problématique du survivant à ceux qui doivent faire le deuil d'un parent mort par suicide. Notamment, au cours de l'un des moments difficiles de ma pratique thérapeutique, lorsqu'il fallut accompagner l'un de ces « survivants » du suicide de l'autre.

Il s'agissait d'un patient déjà déprimé depuis de nombreuses années qui avait arrêté son travail d'analyse pour quelques mois et qui me téléphone pour prendre rendez-vous en urgence : son fils s'était suicidé. Ce qu'il me demandait en urgence, ce n'était pas encore d'assister son travail de deuil, mais, afin qu'il puisse sortir de sa sidération et commencer à élaborer quelque chose de la perte de son fils, de lire avec lui le constat de décès établi par la police.

Un constat de police, c'est l'écrit du réel. Dès qu'il arrive, mon patient me tend, vite et sans un mot, ce dossier qu'il est allé chercher avec obstination et qu'il n'ose pourtant pas ouvrir hors de ma présence. Je l'ai donc ouvert et, dans le silence de mon bureau, s'est accomplie une étrange cérémonie : je lisais d'abord puis lui tendais la feuille qu'il lisait ensuite.

Feuille après feuille, les scènes se sont déroulées portées par le verbe sec et répétitif d'un policier anonyme qui ne transcrivait que des faits se recoupant par plusieurs témoignages. Le jeune homme était sorti un soir, comme souvent, avec des copains ; ils avaient beaucoup bu. Au retour, dans une voiture surchargée, une altercation avait inquiété le chauffeur qui avait fait descendre ce jeune homme en le priant d'attendre sur place qu'il revienne le chercher. Mais à son retour il n'y avait plus personne ; il ne s'en est pas inquiété, pensant que son ami était rentré à pied. C'est le lendemain que la bande de copains a appris l'accident.

Le rapport de police décrit les lieux : une route avec en contrebas la voie ferrée. Le jeune homme a donc descendu le talus. Il s'est allongé, a posé sa tête et un bras sur le rail. C'est dans cette position que l'a aperçu le conducteur du train qui n'a pas réussi à freiner.

Que s'est-il passé dans le moment suicidaire ? Un sentiment d'abandon sur cette route solitaire ? S'est-il endormi ? Il semblait dormir, a dit le conducteur. On ne peut s'empêcher d'espérer qu'il n'a pas vu arriver le train, qu'il n'a pas anticipé en images ce choc effroyable. Peut-être a-t-il joué avec le destin, à pile ou face : passera/passera pas. Déjà, nous construisons des fictions pour habiller le réel.

Bien sûr, ce jeune homme n'était pas un modèle d'équilibre. Il buvait trop souvent. Il avait des problèmes relationnels et professionnels. Sa famille, dissociée pendant son enfance, présentait beaucoup de ces items que relèvent les statisticiens dans l'épidémiologie du suicide. Pour autant, il aimait vivre dans une ambiance festive. Peut-être trop ! N'y avait-il pas dans sa turbulence personnelle une citation, une reproduction à sa façon, du modèle plein de turbulence de sa propre famille ?

Il lui arrivait de parler de la mort, comme tant d'autres adolescents ; et, certes, on aurait pu repérer un terrain suicidaire, mais cela ne nous explique pas pourquoi, cette nuit là, il a basculé dans le passage à l'acte. Une chose est certaine, dans ce cas précis rien n'était prémédité : le déclencheur, l'occasion, les lieux sont totalement aléatoires. Il s'agit bien ici d'un suicide réactionnel, c'est-à-dire d'une réaction suicidaire à partir d'un événement, apparemment sans grande importance, qui fonctionne en catalyseur, dans une économie de l'inconscient qu'il conviendrait de comprendre. On doit conjecturer que ce moment de solitude sur la route, en pleine nuit, a pris fonction d'un seuil de catastrophe, déchaînant la pulsion de mort jusqu'à produire ce comportement passif de s'étendre et s'endormir sur les rails. Il faut admettre que quelque chose de plus intolérable que la représentation de la mort sous un train s'est joué dans l'imaginaire de ce garçon.

On pense alors à ces terreurs archaïques, nocturnes la plupart du temps, qui laissent certains enfants comme égarés d'effroi, quêtant les bras d'un humain pour reconstruire leur monde. Parfois aussi, ils se rendorment dans la solitude. Le sommeil peut devenir alors leur dernier rempart contre l'effroyable.

A partir de quelques cas de patients en deuil d'un suicidé, il apparaît que le fantasme d'un partage de la mort constitue un legs inconscient dont héritent certains, en même temps qu'ils effectuent leur travail sur la perte.

Ainsi, ce père disait : « sur le visage des jeunes gens que je croise, j'ai l'impression de voir le fantôme de mon fils qui m'interpelle : tu ne m'as jamais aidé ! ». Et il rêve : « je suis en train de tomber d'une fenêtre, accroché au rebord extérieur. A l'intérieur il y a deux hommes. Je les appelle pour m'aider à remonter. Ils me regardent et me disent : « débrouille-toi tout seul » ».

Il rêve de cadavres, de policiers et de chutes abyssales. Le sentiment de culpabilité est évident mais on voit également jouer des mécanismes identificatoires à plusieurs niveaux.

Ainsi, cette femme dont la sœur s'est tuée, et qui rêve de cadavres derrière des portes de placards, d'appels qui ne lui parviennent pas. Elle se retrouve condamnée pour abandon de poste. C'est encore la culpabilité qui domine mais elle produit aussi une série de rêves qu'on peut définir comme des rêves-questions ; très courts, ils semblent ne servir qu'à poser une question sur laquelle la rêveuse se réveille :

- « pourquoi ne m'en suis-je pas rendu compte ? »
- « de quel droit ? »
- « c'est quoi cette chemise de nuit ? »

Le jour de son anniversaire où elle atteint l'âge de sa sœur à son suicide, elle dit : « je me sens fautive de quelque chose. De continuer à vivre peut-être. Je suis passée à côté d'elle. »

Ici, c'est la question du sens qui fait retour de refoulé. L'angoisse est moins massive que pour le rêveur précédent, mais c'est l'énigme qui saisit le sujet et le place au cœur d'un questionnement répétitif.

Un autre patient, après le suicide d'un copain un peu perdu de vue, fait le rêve suivant : « je suis en train de boire avec mon copain mort : il se met à cracher des petits pois dans mon verre. Est-ce que je dois les manger ? oui. Puis tout se vide. ».

On retrouve, à un moindre degré d'émotion, le partage avec le mort, le thème de la question, l'identification en miroir (dois-je manger des petits pois comme lui ?), et le vide qui signale l'apparition de l'angoisse.

Dans ces rêves qui suivent le suicide d'un être cher, il est remarquable de constater la fréquence répétitive du thème de la chute. Les rêveurs tombent, ou font tomber quelqu'un ou quelque chose, dans une angoisse qui souvent les réveille.

Selon Bion, la peur de tomber dans un abîme sans fond est une peur primale. On peut penser que les répétitions de chutes dans les rêves manifestent quelque chose de cette peur primale ; résurgence ou réactivation, dans la trame onirique, ce serait une expression de nourrisson en proie à une terreur originaire présymbolique.

Pour Annie Ramirez-Levine (séminaire du C.I.P.A.), la chute n'est pas une menace de mort mais une sensation de discontinuité corporelle accompagnée d'un sentiment de danger, d'insécurité, de catastrophe imminente. En fait, dans la chute, le corps fait irruption, mais ce n'est pas un corps imaginaire, il fait irruption dans sa corporéïté non mentalisée, non symbolisée, et même non symbolisable. La peur de tomber fait trace d'une séparation archaïque vécue comme discontinuité intérieure de façon terrifiante.

Annie Ramirez-Levine décrit des pathologies de nourrissons « trop sensoriels » qui ne réussissent pas ou mal à intégrer mentalement les sensations d'arrachement : « l'expérience prend corps hors psychisme et s'inscrit brutalement dans le corps comme une faille dans le maintien, vécue comme un laisser-tomber. ».

Il serait invraisemblable que toutes les personnes en deuil d'un suicidé soient d'anciens nourrissons « trop sensoriels » ; par contre, on peut émettre l'hypothèse que le choc émotionnel produit par le suicide d'un être cher réveille des zones psychiques très archaïques qui, jusque-là, fonctionnaient sans problème.

En général, la mort est un Réel de la discontinuité des corps. Lorsque la mort est dans l'ordre des choses, le travail de deuil s'appuie sur cet ordre pour symboliser la séparation ; mais lorsqu'il est impossible d'inscrire la mort dans une catégorie mentale ordonnée, il se produit un débordement des processus de symbolisation.

Symboliser la discontinuité des corps est donc une modalité originaire intégrant les sensations d'arrachement et qui débouche sur une catégorie mentale de la séparation des êtres. Comme toutes les modalités de l'originaire on y voit la prééminence des processus sur les figures objectales. Le régime de l'originaire peut se définir par la domination du processuel sur l'objectal, c'est-à-dire, aussi, du quantitatif sur le qualitatif ; ce qui ne signifie pas qu'il n'y a pas constitution d'objet mais que, dans un régime de débordement traumatique, l'objet devient secondaire, presque indifférent, devant l'urgence de trouver des réponses mentales aux intrusions massives des perceptions de la situation vécue.

Tant qu'un être est vivant, même au bout du monde, il est virtuellement possible d'aller se jeter dans ses bras, c'est-à-dire d'annuler, dans l'imaginaire, la séparation des corps. En somme, on peut toujours trouver un compromis pour récuser par le fantasme l'irréversibilité de la naissance, première discontinuité des corps, irréversible dans les faits. Avec un cadavre, la réparation imaginaire est mise à mal ; ainsi, dans les rêves des endeuillés où reviennent des morts-vivants, le corps est toujours vivant. C'est sans doute en raison de cette difficulté que les rituels collectifs sont nécessaires au travail de deuil ; un psychisme isolé ne suffit pas à symboliser la réalité cadavérique. Dans les cas de suicide, c'est plus difficile encore, car le soutien communautaire est le plus souvent réticent. Il n'est que de se reporter aux restrictions de sépulture des suicidés à travers l'histoire.

Dans le travail de deuil normal, les effets de la perte se repèrent à différents niveaux ; à chacun de ces niveaux on pourra rechercher une distorsion introduite par le fait suicidaire :
- au niveau pragmatique, c'est-à-dire dans la liquidation de toutes les actions engagées avec l'autre ;
- au niveau imaginaire, avec le remaniement nécessaire de toutes les relations passées et futures, réelles et virtuelles ;
- au niveau de l'économie psychique où l'étayage du lien sur l'alternance de la présence/absence ne peut plus se réguler sur ce jeu de distance ;
- au niveau originaire où l'inscription symbolique de la discontinuité des corps doit se réélaborer ; c'est ce que nous ont fait comprendre les rêves des endeuillés.

La pathologie du « survivant » montre que la culpabilité irrationnelle des « survivants » n'a pas la même tonalité que celle des deuils mélancoliques ; ce n'est pas l'introjection des défaillances de l'objet perdu qui encombre le sujet en deuil. Ici, il est inimaginable d'introjecter ces défaillances, rendues insignifiantes par l'excès de réel du suicide ou d'une catastrophe accidentelle. L'objet n'a plus d'ombre, il est écrasé par le premier degré des faits, qui le réduit à un existant/non existant sans autre qualité, du moins dans les premiers jours qui suivent la catastrophe.

Dans cette clinique particulière du deuil, la fréquence des répétitions nous indique un régime du traumatisme ; en outre, la répétition du thème de la chute fournit un indice du niveau originaire atteint par les effets du trauma : c'est le niveau basique de l'intrication du psychique et du corporel. Une telle régression pourrait aussi rendre compte des réactions psychosomatiques et des réactivations suicidaires dans ces périodes de deuil.

II - L'INDIVIDU ET LE SUICIDE

Si le thème du suicide se retrouve aussi dans le champ de la philosophie c'est qu'il est essentiellement lié au sentiment d'être un individu mortel. Individualité et mortalité travaillent la pensée humaine, mais qu'est-ce qu'on en ressent ? Le sentiment d'individualité est une notion forcément imprécise puisqu'il s'agit de définir quelque chose d'éminemment subjectif. Cependant, prise en masse, cette notion peut subir l'éclairage historique de l'influence des valeurs de société sur le vécu des valeurs singulières.

Par exemple, on peut opposer l'individu « hors du monde » et l'individu « dans le monde » (L. Dumont). Dans le premier cas de figure, l'individu détermine sa valeur idéale à partir de son détachement de la collectivité, de son renoncement au monde et aux liens sociaux. Dans le second cas de figure, au contraire, il faut remplacer la fonction du renoncement par celle d'articulation ; l'individu dans le monde fait preuve de sa compétence à articuler sa singularité aux différentes places, familiale, sociale, juridique, qui lui sont assignées dans la collectivité.

L'individu occidental est depuis toujours un individu dans le monde. Jean-Pierre Vernant décrit trois niveaux successifs de cette individualité :
- l'individu, déterminé par sa place et son rôle dans son ou ses groupes ;
- le sujet, déterminé par le fait qu'il s'exprime en son propre nom ;
- le Moi (ou la personne), déterminé par un ensemble d'attitudes qui lui donnent un sentiment d'intériorité et de continuité.

Pour mieux faire comprendre ces trois plans de l'individualité, J.P. Vernant les compare à trois formes littéraires : le premier à la biographie, le deuxième à l'autobiographie, et le troisième au journal intime. Or, la formule d'un « Moi intime » n'apparaît pas avant le troisième siècle de notre ère. Historiquement, il n'y a ni journaux intimes, ni confessions, dans la Grèce antique. Le *cogito ergo sum* y aurait été un non sens. L'existence n'y est pas pensée à travers la conscience qu'on en a mais à travers ce qu'on voit/perçoit et ce qui est vu/perçu. La conscience est toujours accrochée à l'extérieur.

En commentant Platon, J.P. Vernant souligne que chez le Grec antique « L'âme immortelle ne traduit pas chez l'homme sa psychologie singulière, mais plutôt l'aspiration du sujet individuel à se fondre dans le tout, à se réintégrer dans l'ordre cosmique général. » (J.P. Vernant, L'individu, la mort, l'amour).

Le tournant s'opère au cours du troisième siècle de notre ère. C'est le point de départ de l'individu moderne.

Que s'est-il donc passé ?

En fait, toutes les religions se mettent à prospérer au IIIΘ siècle, mais plus précisément une tendance s'impose : le « syncrétisme », c'est-à-dire une poussée vers l'unification des divers dieux sous la figure d'un être suprême ; c'est l'apogée du culte de Mithra. Même le polythéisme de l'empereur Dioclétien ménage le culte de Mithra. Le IIIΘ siècle voit la montée du monothéisme et de la religion chrétienne jusqu'à sa légitimation par Constantin en 313.

Ce troisième siècle est également marqué par une nouvelle législation sur le suicide. En effet, jusque-là, le droit romain faisait preuve d'une grande tolérance pour le suicide. En dehors de certains cas où il apparaissait que l'acte tendait à léser un créancier, les biens du défunt n'étaient pas confisqués, aucune sanction légale n'était prévue.

Au début du IVΘ siècle, la punition s'élargit aux tentatives de suicide avortées ; la confiscation des biens devient systématique. « Il s'agit bien de punir un vivant et non plus de l'acquisition par le fisc du patrimoine d'un mort. Alors que le droit classique ne s'occupait pas de la répression de la tentative de suicide d'un simple citoyen, le droit du Bas-Empire, en définissant celle-ci comme un véritable délit, ouvrait la porte à la condamnation éventuelle du suicide en tant que tel[1] ».

Il y a là une singularité historique. En effet, si on se réfère aux logiques juridiques qui président à la condamnation du suicide, on s'aperçoit que l'acte est condamné juridiquement et philosophiquement dans la mesure où il est perçu comme acte spoliant la communauté.

« Nous sommes, nous les humains dans une espèce de garderie et on n'a pas le droit de s'en libérer soi-même ni de s'en évader ! » Ainsi, dit Socrate à Cébès : « s'il arrivait que, dans ce que tu possèdes, un être se donnât à lui-même la mort sans que tu lui eusses signifié ton désir de le voir mort, ne te fâcherais-tu pas contre cet être et ne le châtierais-tu pas si tu avais un châtiment à ta disposition ? » (Platon, *Phédon*) ; De même, Aristote condamne le suicide comme atteinte aux droits de la cité à qui appartiennent tous les citoyens.

A l'inverse, moins l'individu est défini par ses appartenances (à Dieu ou à la Cité), moins son suicide est jugé condamnable ; ainsi pour les Cyniques ou pour les Stoïciens.

La singularité de la jurisprudence du Bas-Empire se trouve dans la coexistence de deux tendances qui semblaient en dynamique inverse jusque-là : d'une part, la montée de l'individualisme dans la conscience collective et donc l'affaiblissement des liens d'appartenance, et d'autre part, la radicalisation de l'interdiction et de la pénalisation du suicide.

Si l'on tient compte de la logique des différents philosophes grecs on va trouver paradoxale la réaction chrétienne. Peut-être avons-nous déjà, à ce niveau historique, l'une des racines de la paradoxalité du suicide que l'on

---

[1] Y. Grise, *Le suicide dans la Rome antique*.

retrouve à tous les niveaux (intrapsychique, libidinal, relationnel, comportemental) où on l'étudie.

On peut penser que le premier état chrétien était déjà confronté au conflit de deux tendances antagonistes : avec la légitimation d'un Dieu unique, l'état œuvrait dans le sens d'un renforcement des valeurs de singularité en offrant un modèle idéal légitimant la transcendance individuelle, mais, d'autre part, l'église prétendait obtenir de ses fidèles une appartenance inconditionnelle. Les conduites sacrificielles au nom de l'église s'en trouvaient valorisées alors que les conduites sacrificielles au nom du seul individu s'en trouvaient pénalisées. Il n'est donc pas interdit de penser que, dès son apparition historique, le sentiment d'individualité de l'homme moderne occidental s'est engagé sous la marque de cette antinomie.

Or, nous avons constaté que dans l'économie de l'acte suicide réactionnel on retrouve toujours l'antinomie et le paradoxe au niveau de signifiants majeurs en coexistence.

Nous retenons cependant que les valeurs d'appartenance font obstacle au suicide lorsqu'elles ont cours sans ambivalence. Par contre, les valeurs d'individuation facilitent le passage à l'acte suicidaire, dans la mesure où cet acte peut être pris comme paradigme de la liberté ontologique, et donc utilisé comme preuve de cette liberté.

Certaines sociétés traditionnelles encadrent les processus d'individuation par une prise en charge collective de ces moments à forte potentialité suicidaire ; c'est, notamment, la fonction des rites de passage qui tendent à réintégrer dans les valeurs d'appartenance les « poussées » de singularité.

Par contre, s'il n'est prévu aucun dispositif pour gérer les conflits entre valeurs d'appartenance et valeurs d'identité individuelle, ou si les valeurs d'appartenance sont ambivalentes (simultanéité d'injonctions à l'appartenance et à l'individualisme), l'on pourra s'attendre à des conduites sacrificielles aberrantes, notamment la multiplication des actes suicidaires pour faire preuve d'une liberté qui, en fait, n'est menacée que par l'ambivalence inconsciente du principe d'appartenance dans les relations familiales ou groupales.

EXPRESSIONS DU PRINCIPE D'APPARTENANCE

Version collective

La tendance à l'appartenance joue constamment dans l'offre et la demande relationnelle, mais aussi, au niveau collectif, dans l'offre et la demande du partage des normes et des valeurs.

Comment concilier l'opposition entre désir d'appartenir et désir d'être soi-même ?

Au plan intrapsychique, cette problématique recoupe la construction de l'équilibre dynamique entre investissements d'objets et investissements narcissiques.

Au plan familial et social, la problématique subit l'influence des renforcements ou des inhibitions en cours dans les valeurs ambiantes. Il ne va pas de soi que ces deux plans se recouvrent parfaitement.

Par exemple, nous savons que les sociétés dites « holistes » confondent l'un et le tout dans un régime absolu du principe d'appartenance ; c'est le cas des tribus et des sectes. Seuls les dysfonctionnements de l'ensemble ont valeur pathologique, les symptômes individuels sont aussitôt collectivisés. Si l'ensemble est suffisamment ordonné et son influence suffisamment forte, les problématiques individuelles seront massivement écrasées et ne s'exprimeront qu'à l'extrême d'un conflit de survie.

Mais, à l'inverse, on voit, dans nos sociétés occidentales, que le principe d'appartenance est soumis à un régime de précarité extrême : la dissociation est prévue et réglementée à tous les niveaux (familial, professionnel, artistique, audiovisuel, etc.), la rupture et la fugacité font dorénavant partie de la norme sociale. Plus la durée de vie s'allonge, plus les projets de vie se raccourcissent en diverses étapes aléatoires. L'intérim se généralise comme valeur et modalité, et se traduit dans un sentiment d'appartenance de plus en plus chaotique. Ce sont là des sociétés « particularisantes » où l'on constate que l'individuation prend des tournures « sauvageonnes », soit une pathologie quasiment psychosociale en raison de la défaillance collective dans l'encadrement de ces processus.

Les conflits individuels trouvent, dans ce cas de figure, une insuffisance d'inscription. Ce n'est pas que les traces manquent, mais elles manquent de figurabilité et leur activité s'exprime en turbulence énergétique sans se poser durablement, puisque la durée n'a plus de valeur idéale pour renforcer le besoin de stabilité de l'individu.

Entre ces deux modèles, il pourrait y avoir place pour une société intermédiaire où le principe d'appartenance serait soutenu par des communautés suffisamment stables, sans pour autant attaquer le principe de solitude. L'attention thérapeutique se porterait alors sur le rapport de l'un à l'ensemble qui le contient.

Version pulsionnelle

L'antagonisme du principe d'appartenance et du sentiment d'individualité est, dans une certaine mesure, la traduction, au niveau de l'Idéal du Moi, de l'antagonisme libidinal entre relation d'objet (en tant que poussée vers l'autre), et lien narcissique (en tant que tendance au retour d'un auto-investissement) ; traduction, en valeurs donc, d'une dynamique essentielle.

Or, nous savons, par expérience clinique, que plus la personnalité est structurée sur le mode narcissique, plus l'instance idéale interfère sur l'équilibre économique et dynamique.

Le sujet suicidaire (Sujet-limite), sans être défini comme une personnalité narcissique, a cependant, en développant sa structure autour de l'axe des transactions dedans/dehors, fixé une grande quantité d'énergie narcissique. Comme pour toute fixation, il y a là un emploi massif d'investissements dans la gestion d'un antagonisme pulsionnel ; mais, pour le Sujet-limite, l'antagonisme se situe entre monde objectal et monde narcissique, indépendamment de la valeur libidinale de ses objets d'amour et de haine, car c'est sur la dynamique d'auto-différenciation que se concentre l'énergie de défense.

On peut soutenir qu'une telle dynamique s'institue en formation réactionnelle originaire contre le risque d'indifférenciation produit par le vécu traumatique originaire. Une telle défense est certes secondaire par rapport au trauma, mais, comme elle s'instaure dans le même temps et le même mouvement de surgissement des instances psychiques (Moi/Inconscient/Réalité), nous l'avons défini ailleurs comme un modèle de structuration du Sujet par fixation massive sur la dynamique des projections/introjections (topique originaire du dedans/dehors) qui lui permettent d'exister ; ce qui n'est par conséquent, ni une fixation objectale, ni une fixation narcissique, mais une érotisation de tous les déplacements et processus dynamiques quels qu'ils soient. Donc une fixation à l'instable en tant que source, en tant que but, qui permet au sujet de lier et délier de façon compulsive et répétitive les afflux d'énergie mal maîtrisés.

Sujet instable, le suicidaire est fixé à l'instabilité tout en éprouvant le besoin d'une stabilisation des formes tant objectales que narcissiques. Il va, par conséquent, traduire dans des comportements-symptômes la multiplication et l'accélération des déplacements dynamiques internes qui, dans leurs excès, deviennent ingérables par des défenses ordinaires du régime anté-refoulant de l'originaire (contre-investissements, retournements), c'est-à-dire des défenses peu systématiques et massivement pulsionnelles.

Il y a donc conflit, comme dans toute pathologie, mais, ici, c'est nettement l'instance de régulation qui, par les symptômes produits, démontre qu'elle est au cœur du conflit. Entre l'accélération du rythme des répétitions et la labilité du pare-excitation, on voit bien comment va se pérenniser une économie psychique fondamentalement instable.

Pourquoi une telle structuration ?

Certes, on y trouve les signes d'une inscription traumatique très archaïque, mais on constate aussi que les palliatifs de défense et d'étayage n'ont pas suffisamment fonctionné. Par exemple, le sentiment d'appartenance, en tant que facteur de stabilisation. En effet, le sentiment d'appartenance est un facteur de stabilité pour le champ de l'extérieur au sujet. Sans entrer dans le détail, sachons qu'il organise ce champ simplement parce qu'il compose le cadre relationnel, tandis que le sentiment d'individualité confère une stabilité intérieure en donnant consistance, durée et continuité, à l'être et à la personne.

C'est d'ailleurs à ce niveau que le recoupement de l'imaginaire collectif vient exercer son influence sur l'imaginaire individuel. Par les valeurs qu'il propose, il peut tenir le rôle d'une prothèse externe stabilisatrice. Mais parfois, au contraire, il peut accélérer les mouvements désorganisants. C'est un mécanisme à double tranchant : il peut offrir un étayage ou provoquer un contre-étayage, selon que le poids des valeurs d'appartenance joue dans le même sens qu'un contre-investissement interne de défense ou dans un sens contraire.

Dans le cas d'une profonde contradiction, il y a nécessité urgente de trouver à l'extérieur une instance régulatrice. Les dispositifs collectifs de régulation prennent le plus souvent une valeur symbolisante forte, comme c'est le cas dans les cérémonies rituelles où, d'une certaine façon, le dispositif tranche entre l'imaginaire individuel et le mythe collectif. C'est en ce sens qu'un rite peut produire un effet d'encadrement externe d'un conflit pulsionnel.

Il existe différents équilibres du principe d'appartenance : le principe d'appartenance peut être, soit massivement dominant comme dans les sociétés tribales, soit massivement évacué comme dans certaines positions héroïques ou spirituelles ; mais il va de soi que pour maintenir l'équilibre il sera nécessaire de prendre en compte et de réguler la tendance réprimée. Par contre, lorsque aucun dispositif de régulation n'est organisé on risquera de voir s'activer, au-delà de l'antagonisme des tendances et des figures idéales, l'antagonisme pulsionnel originaire dans ses formules les plus massives.

Version relationnelle

Dans le cadre ordinaire des familles ou des groupes, l'expression du principe d'appartenance est tributaire d'une astreinte plus ou moins puissante au partage de l'affectivité et des valeurs communes, la principale valeur commune étant la valorisation de la communauté en tant que telle.

La relation est donc fortement infiltrée d'un désir d'emprise parentale au nom d'une appartenance familiale qui, le plus souvent, se réduit à une dyade : le parent intrusif va former avec l'un de ses enfants un « couple » dynamique où, tant au niveau des défenses qu'au niveau de l'instance idéale, la synergie est requise dans le cadre d'une complémentarité qui va de soi pour le parent et par conséquent aussi pour l'enfant. Cette relation d'appartenance et de complémentation réciproque est comparable à une modalité tribale réduite à un ensemble de deux.

Les effets du désir d'emprise ne sont pas tant à repérer dans l'exercice d'un pouvoir tyrannique au niveau des faits et gestes quotidiens, mais, sous le couvert d'un amour passionnel, le parent intrusif tend à annexer les processus psychiques de son enfant-limite au bénéfice de ses propres équilibres psychiques : ce peut-être un enfant calmant, un enfant soignant, un enfant-poubelle, un enfant-providence, etc. Une telle annexion n'est pas forcément dévalorisante pour l'enfant qui y trouve aussi son bénéfice, mais elle est forcément aliénante au plan de sa singularité et de la définition de son propre désir. Il va de soi que dans une telle modalité relationnelle, quelles que soient les autorisations conscientes de séparation, il existe également une interdiction inconsciente d'éloignement fondamentale, car toute séparation perturbe profondément l'équilibre fonctionnel du parent-intrusif.

PRINCIPE D'APPARTENANCE ET ETAYAGE SOCIAL

Dans l'économie psychique, l'expression du principe d'appartenance se traduit par la valorisation du Tout par rapport à la valeur de chacun. Formule que l'on retrouve sous une forme absolue chez les sujets ouverts à l'endoctrinement. Ce qui montre aussi que les phénomènes sectaires et suicidaires répondent à la stratégie intrusive par l'abolition du sujet, sans véritable solution de continuité entre le psychique et le corporel. Mais si le sujet se donne à son abolition c'est qu'il y trouve son compte.

On doit se demander quel est le bénéfice économique qu'on peut tirer de sa propre abolition ?

En dehors des masochismes qui prennent racine dans cet abandon originaire à l'Autre, on voit aussi que le principe d'appartenance est une fonction sécurisante puisqu'il fonctionne en cadre collectif. C'est dire que, d'une certaine façon, un cadre externe est en mesure de relayer le pare-excitation interne en cas de défaillance, tout comme, dans les premiers temps de la vie, les parents réels étaient en mesure de calmer par leur protection la peur ou la souffrance du nourrisson.

Dans les sociétés tribales, le lien d'appartenance est un lien fortement localisant, tant parce qu'il est régulièrement référé au territoire géographique de la communauté, que parce qu'il fonctionne à partir d'un principe de positionnement des individus dans un rapport bien déterminé des places respectives et des attributions spatio-temporelles.

A ce niveau d'interdépendance des individus et de la communauté, on peut voir que des dispositifs externes servent systématiquement d'étayage à des fonctions internes lorsque des défaillances mettent la personne en danger relationnel et psychique. L'intrication est telle qu'on a pu se questionner sur l'existence de la notion d'individualité chez les Africains, en référence à nos critères occidentaux de délimitation.

Dans un tel système, la rigueur déterministe des localisations communautaires est en mesure de pallier le laxisme de topiques incertaines sur le plan intrapsychique. On comprend alors que les liens d'appartenance puissent soutenir les mécanismes projectifs en offrant une plus grande stabilité topique (une surface-écran plus permanente) à certains individus par ailleurs incapables d'organiser un système projectif en défense efficace.

La communauté se constitue dès lors comme une prothèse vicariante de la dynamique originaire qui a créé la première logique territoriale interne. En fait, la thérapeutique prévoit une reprise collective, dans les cérémonies rituelles, des processus d'expulsion, de projection ou d'exclusion à divers niveaux. Ainsi, l'expulsion primordiale de l'insupportable trouve un miroir et un écho au sein d'un ensemble policé.

Un tel système peut fonctionner de façon satisfaisante tant qu'il n'entre pas en contradiction interne. Dans le cas contraire, le risque d'un effondrement est à la mesure de l'importance du soutien qu'on en tirait, c'est-à-dire sur les deux plans, relationnel et intrapsychique, ce qui, en cas de discorde entre l'individu et le groupe, peut aller jusqu'à la mort réelle de l'individu.

En résumé, il faut voir dans le lien d'appartenance un processus à double effet :

D'un côté, c'est un soutien efficace du pare-excitation et du sentiment de sécurité interne/externe ; c'est également une prothèse du jeu projectif qui permet d'exterritorialiser les affects et les représentations insupportables. Le prix à payer, dans l'économie psychique, est du côté du désir et de la sexualité. L'idéalisation surestime l'objet, ici l'objet communautaire ; elle le rend inaccessible aux intentions amoureuses/sexuelles et, en même temps, elle fait obstacle aux déplacements qui permettraient une substitution d'objets plus assimilables au principe de plaisir.

D'un autre côté, lorsque émergent des mouvements d'individuation au sein d'un groupe tribal, ils se traduiront par la représentation d'une perte vitale. En effet, la perte n'est pas seulement d'ordre relationnel, c'est tout le système vicariant qui s'effondre, découvrant les failles de la défense individuelle et la turbulence archaïque qui a présidé à l'instabilité défensive de ces Sujets-limite. La figure mythique de protection et d'assistance disparaît dans le moi-idéal et ne peut alors se retrouver qu'en dehors, dans une répétition événementielle de la sortie du trauma initial.

La perte du groupe rejoint un fantasme originaire d'expulsion désintégrante. La formule « on tue un enfant » prend ici toute sa valeur, au point qu'on peut s'interroger sur la dimension sacrificielle du suicide réactionnel en tant que mise en acte d'un tel fantasme par l'enfant lui-même, dans une tentative paradoxale de contrôler les forces destructrices qui s'adressent à lui lorsqu'il tente de se démarquer de l'ensemble d'appartenance.

III - ECONOMIE DE L'ACTE ET DYNAMIQUE DU SUJET SUICIDANT

DU COTE DE L'ACTANT

En pleine dynamique suicidaire, il semble évident que la mort est requise. Mais qui la requiert ? Un autre imaginaire ? Une instance intrapsychique ? Un « fantôme » dans une « crypte » ? (Abraham et Torok).

Lorsque le Moi conscient s'engage tout entier dans un passage à l'acte où il encourt le risque d'une auto-lyse, comment trouver la cohérence d'une telle impulsion ?

Est-ce en raison de la dilution totale de l'instance de conservation ? D'un effacement tel qu'il ne saurait même plus soutenir sa survie animale ? Serait-ce la victoire absolue de la pulsion de mort ?

Nous ne le pensons pas car la pulsion de mort, au maximum de sa puissance, ne produit qu'un laisser mourir passif et tout acte agressif est du domaine de la liaison vitale, y compris lorsque l'agression se retourne sur soi-même.

On pourrait dire, pour le suicide, que la mort vient de surcroît. C'est un paradoxe qu'il faut comprendre pour éviter les récidives suicidaires.

Mais, pour comprendre le paradoxe du suicide, il faut déjà en admettre la formulation paradoxale : la tentative de suicide est un acte visant à la survie. Comment ? Par quelle logique ?

La priorité du suicidant n'est pas de se supprimer en tant que vivant, mais de produire par sa suppression un effet différentiel dans une situation bloquée où il se sent en proie à des effets de déréalisation et de sidération interne. C'est un agir limite.

La fréquentation clinique de nombreux suicidaires nous fait admettre que l'autoconservation, qui échappe au contrôle du Moi actuel, est en fait submergée par une autre scène, inconsciente, où s'est jouée une séquence traumatique. Cette séquence, perdue pour la mémoire, a laissé l'empreinte d'un vécu de détresse absolue suivi d'un secours providentiel produisant, pour le psychisme, un effet de mort et de résurrection. S'il n'y en a pas de souvenir, il y en a des traces, et ces traces sont liées à un certain seuil d'afflux émotionnel. Nous supposons que ce qui se répète, lors d'une tentative de suicide, c'est l'ensemble de cette séquence.

Dans certaines circonstances, le seuil du trauma est réactivé, de même que les traces de détresse, la répétition enclenche alors le processus de mise à l'épreuve des forces de survie. Toute problématique ordalique suppose l'attente d'une intervention providentielle. Si près de la mort, prouver que l'on peut vivre encore est équivalent à une renaissance.

Il s'agit d'un conflit essentiel entre les forces pulsionnelles de vie et de mort dont le but est de vérifier que le Sujet peut survivre à la jouissance mortifère du vécu traumatique. C'est, en somme, une interprétation libidinale de la dimension ordalique ; la formule : « si Dieu le veut, Dieu me sauve » devient : « On m'a déjà sauvé, je le prouve ! ». Le Moi cède alors son rôle protecteur à un Autre pour en retrouver la trace de réalité.

Tout serait simple s'il était possible de rencontrer l'Autre dans sa seule dimension protectrice ; mais la séquence de la scène traumatique indique qu'avant d'être salvateur, l'Autre était agresseur, et même tueur, en sa férocité primordiale. C'est encore la formule de l'agresseur incorporé.

Dans toute forme de trauma il se produit une identification à l'agresseur car, en situation traumatique, le sujet perd tout avoir objectal pour adopter l'être de l'autre, quel qu'il soit, et c'est parfois être mort pour un assassin qu'on abrite. Dans sa lutte pour survivre le sujet doit mobiliser le maximum de ses investissements pour les transformer en contre-investissements narcissiques.

Ces traces actives du trauma portent la figure de l'agresseur ou quelque trait caractéristique, mais elles portent aussi un déterminant perceptif, non élaboré, simple incrustation mentale d'un moment de perception de la réalité à l'acmé du processus traumatique. Ces icônes du trauma circulent en tant que corps étrangers internes dans la trame des représentations ; on les retrouve dans le texte des rêves comme un retour de refoulé alors qu'elles n'ont jamais quitté la conscience.

On constate dans les cas de suicide une « incrustation » particulièrement féroce, puisqu'elle implique la destruction du Sujet dans la définition des premières bases de son identité.

DU COTE DE L'ACTE

En fait l'acte suicide est l'acte, par excellence, de la réflexivité subjective.

Se suicider : redondance du « per se » ; le retour sur soi vérifie, malgré le risque de l'extinction du Sujet, sa dimension essentielle : l'acte premier du fondement narcissique. Sans réflexivité, pas de Moi au miroir. Il semble donc que cette « action primordiale » puisse servir de matrice aux répétitions défensives que l'on constatera par la suite dans les situations de détresse.

La fonction réflexive met en place la première triangulation, celle qui, devant un miroir - réel ou potentiel - permet qu'une image de soi-même transite d'un regard sur soi, par un regard de l'autre qui revient sur soi. Il semble que cette triangulation de regards, base de la perspective subjective, achoppe chez le sujet suicidaire : il ne peut se regarder que du point de vue de l'autre sans aucun retour valable sur sa propre perspective. Il ne se reconnaît que dans l'idéal formulé par l'identification à l'autre. L'identification à l'agresseur fonde cette déportation du point de vue, car c'est en place de l'autre et seulement à partir de cette place que le sujet se voit vivant. Dès lors, on s'aperçoit que le recoupement validant les perspectives croisées devient, en fait, une reduplication parallèle.

On trouve une illustration d'un tel processus dans le syndrome des otages qui adoptent les valeurs de leurs ravisseurs, c'est une formule imagée de l'identification à l'agresseur, facilement repérable parce qu'elle est caricaturalement amplifiée par des circonstances extrêmes. Mais, dans les premiers temps de la vie humaine, une telle formule se produit fréquemment dans les expériences de débordement affectif, imaginaire et symbolique, que vit l'enfant.

Dans la mesure où l'identification à l'agresseur est un effet du trauma, cela implique que le sujet a frôlé son anéantissement et qu'il s'en est sorti par cette figure baroque. Cela implique aussi qu'au moment le plus critique, l'énergie psychique s'était portée, en masse, sur ce moment rassemblant toute la chaîne en un point de densité maximale.

De même, l'énergie suicidaire se focalise sur un point de surgissement.

A une topique ponctuelle correspond une économie de seuil et une dynamique de retournement : voilà la métapsychologie du Sujet en Acte dans le passage à l'acte suicidaire. Car l'acte fait preuve de la réalité, il la soutient.

Tenter de se suicider c'est, au moins un instant, être sûr d'exister, c'est-à-dire, faire épreuve et preuve de réalité ; alors que penser au suicide ce n'est qu'expérimenter mentalement la possibilité d'un retour radical sur soi-même, c'est s'exercer à la syntaxe réflexive qui fonde le Sujet.

On peut se demander, d'ailleurs, si l'énigme du seuil entre penser à l'acte et passer à l'acte ne se joue pas dans une impasse logique entre la possibilité d'une représentation du retour sur soi, ce qui en est déjà l'exercice, et le sentiment que la réflexivité suspend la réalité, ce qui la rend dangereuse. Comme si, par une équation économique qu'il reste à déterminer, la tendance réflexive individuante entrait en opposition avec le principe de réalité. Il deviendrait alors parfois nécessaire de réaffirmer ce principe par un acte qui consolide la réalité de facto.

Mais on voit aussitôt le piège d'une telle équation car l'acte qui confirme est en même temps l'acte qui supprime. Cette contradiction n'est pas sans écho avec les figures extrêmes des pratiques rituelles, sauf à souligner que les rites jouent cette dynamique en l'encadrant et en absorbent l'antinomie par une garantie collective des limites, alors que le suicidant se met en jeu tout seul et sans aucune garantie.

C'est dire combien il est important que cet acte soit accueilli de façon à recevoir un maximum de signification ontologique et non pas subir l'escamotage du déni ou de la dénégation. Le voile commode du « coup de folie » ou de la présomption d'irresponsabilité n'arrange que l'entourage qui préfère répondre sur un mode opératoire désymbolisant au moment même où il est violemment interpellé pour soutenir une fonction symbolisante en impasse.

Faudra-t-il s'étonner alors que 50% des jeunes primo-suicidants fassent une récidive ?

IV - LA REACTION SACRIFICIELLE

SACRIFICE ET DIFFERENCE

D'une certaine façon, toute réponse sacrificielle à un problème est une réponse d'urgence avec une priorité économique d'apaisement des tensions. Il s'agit de réguler des forces sous le couvert de la mise en ordre de valeurs.

Les crises sacrificielles se produisent généralement dans le déploiement des processus de mutation, entre une période d'abandon des positions régulatrices initiales et une période finale d'acquisition de nouvelles positions régulatrices. C'est donc la période intermédiaire qui présente l'occurrence de déstabilisation maximale au cours de laquelle l'identité de l'individu ou du groupe est soumise à un moment, plus ou moins long, d'indifférenciation, de perte de modèles idéaux et de tension entre des modèles contradictoires. La période de transition, dans les processus de passage à forte valeur de transformation de statut, est une période où se conjuguent une inefficacité de la fonction symbolisante et un afflux d'énergie indifférenciée.

René Girard[1] a montré comment, au niveau d'un groupe, une telle configuration réactive la violence originaire ; violence ainsi qualifiée en raison de son potentiel de diffusion contagieuse. Ce que nous pouvons traduire, sur le plan individuel, par une mobilité inhabituelle des affects, et, par conséquent, une réactivité spécifique à ces périodes de transition.

La violence originaire n'est pas une violence objectale c'est le présupposé théorique de la pulsion de mort. Plus on se rapproche de la formule originaire plus l'objet se « désobjectalise » au sens où il ne vectorise plus les affects vers une forme marquée d'extériorité, dans le champ de la réalité des objets, mais laisse libre cours à un affrontement

---

[1] René Girard, *La violence et le sacré*, Grasset, 1972.

immédiat de processus économiques, entre tendance à sauvegarder et tendance à désagréger. La limite extrême d'un tel affrontement c'est bien évidemment la sauvegarde de l'unité minimale d'un individu en tant qu'il deviendrait le dernier objet à sauvegarder. C'est finalement la fonction défensive du narcissisme pour éviter la contagion d'une désagrégation des objets portée jusqu'au Moi-même.

C'est là que l'acte suicide prend tout son sens paradoxal, si l'on considère que la seule preuve que l'individu puisse donner de sa liberté, ou de son auto-appartenance, consiste à sacrifier cela même qu'il veut sauvegarder à n'importe quel prix.

Nous allons en déduire que la nécessité de fournir une preuve d'existence est plus forte que l'existence elle-même. On retrouve une logique analogue dans la fonction ordalique où ce qui est requis c'est d'abord une manifestation de la providence en tant que preuve.

Qui dit preuve dit doute préalable. Si le suicidant est dans une telle contrainte d'avoir à faire la preuve de son existence, il faut comprendre que le doute a saisi son sentiment d'exister, bien au-delà d'un vague doute existentiel philosophique ; aucune épreuve de pensée ne suffit à donner une preuve suffisante. Preuve de quoi ? Ils savent bien qu'ils sont vivants, mais qu'en est-il de leur désir ? C'est, en somme, la référence interne de leur désir, en tant qu'activateur de l'être dans sa vie, qui a perdu son ancrage subjectif. Vouloir mourir n'est-ce pas la preuve d'un désir essentiel ?

De même que dans une crise sacrificielle collective poussée à son paroxysme, il devient nécessaire d'accomplir un acte dans la réalité, c'est-à-dire un sacrifice ; de même, dans la crise individuelle, le passage à l'acte mobilise la réalité lorsque l'indifférenciation interne amène le sujet à ne plus sentir les limites de son auto-appartenance. Ce point d'indifférenciation extrême, nous pouvons le saisir logiquement comme attaque du point de retournement sur soi, point de réflexivité, topique originaire qui conditionne toute la dynamique des passages dedans/dehors. La solution suicidaire à cette perte interne des repères consiste à renforcer le « dehors » par son acte, pour récupérer le « dedans », c'est-à-dire le lieu narcissique d'où part toute dynamique.

On pourra arguer que le suicidaire « jette le bébé avec l'eau du bain » ; il en prend le risque, c'est certain, mais n'oublions pas la fonction ordalique, essentielle en tout acte sacrificiel : c'est la providence qui est convoquée, pas la mort. Ce qui ne signifie pas que les tentatives de suicide soient feintes, mais que le suicidant croit plus à la fonction salvatrice qu'au risque mortel.

L'acte suicide en devient le discriminant majeur de l'individualité. Il est vrai que, d'un côté, la mort abolit toutes les différences, toutes les qualités et les intensités, mais, d'un autre côté, c'est la différence maximale qui puisse se produire pour un être humain ; celle qui le sépare de tous les autres. Comme l'a bien souligné G. Deleuze, le suicide tente de concilier ces deux effets contraires, ce qui renforce sa nature paradoxale.

« Il y a une inadéquation nécessaire de la mort comme événement empirique et de la mort comme « instinct », comme instance transcendantale. Freud et Spinoza ont tous deux raison : l'un pour l'instinct, l'autre pour l'événement. Voulue du dedans, la mort arrive toujours du dehors, sous une autre figure, passive, accidentelle. Le suicide est une tentative de rendre adéquates et de faire coïncider ces deux faces qui se dérobent. Mais les deux bords ne se rejoignent pas, chaque mort continue à être double. D'une part, elle est « dédifférenciation », qui vient compenser les différenciations du Je, du Moi, dans un système d'ensemble qui les uniformise ; d'autre part, elle est individuation, protestation de l'individu qui ne s'est jamais reconnu dans les limites du Moi et du Je, mêmes universels.[2] »

LA COUPURE SUICIDAIRE

Si l'on s'en tient aux apparences l'acte suicide est une mise à mort ; mais pour dépasser le plan manifeste de la scène, il faut s'interroger sur ce qui est mis à mort dans le moment sacrificiel d'un tel acte. La grande majorité des suicidants questionnés sur les raisons de leur passage à l'acte fait bien référence à un mal de vivre mais ils l'attribuent régulièrement à une situation insupportable. Situation qui, dès qu'on en cherche les tenants, traduit une relation insupportable. En effet, très vite, la description de la « situation » révèle un rapport affectif inextricable. L'équation relationnelle, dans une opposition plus ou moins consciente, se formule ainsi : « si tu désires, tu meurs. », réponse : « alors je meurs, puisque je désire. ».

L'être désirant qui s'affirme dans le changement d'identité (adolescence, passion amoureuse, etc.) rencontre une Imago (modèle inconscient) terrifiante et terroriste qui distille le sentiment conscient d'un moi haïssable dès qu'il se met au service de son propre désir. La plupart du temps, dans les actes-suicide réactionnels, la férocité d'une telle imago n'est pas à référer aux exigences d'un Surmoi post-œdipien. Le Surmoi n'interdit pas le désir, mais l'objet de désir et la démesure qui attaque la Loi. Pour que l'aphanisis du désir se réalise en fantasme d'anéantissement de l'être désirant, il faut passer au-delà de l'œdipe jusqu'aux traces du trauma, c'est-à-dire à la figure terrible de l'identification à l'agresseur construite sur les traumatismes archaïques. C'est donc au

---

[2] G. Deleuze, *Différence et Répétition*, p.333, 1968.

niveau des instances idéales et de leur rapport à la réalité qu'on peut comprendre ce qui se joue dans la crise suicidaire, même si, en apparence, la scène est occupée par des déboires relationnels.

La crise n'est pourtant pas dépourvue d'un apport fictionnel, encore que, souvent, il soit difficile aux suicidants d'établir une adéquation entre leur passage à l'acte et l'histoire qu'ils évoquent ; mais, l'histoire actuelle, soit la situation présuicidaire, est si profondément infiltrée d'une autre scène inconsciente passée qu'elle en perd sa consistance.

La scène inconsciente, par contre, a noué une connexion consubstantielle avec le trauma initial et avec la série des scènes qui ont constitué une stratification traumatique sur plusieurs épisodes. C'est donc tout un édifice qui s'active et libère cette identification mortifère à l'agresseur archaïque.

La réactivation du traumatisme reproduit la séquence affective originaire : dans un premier temps, un vécu d'anéantissement supprimant tout fonctionnement diacritique de l'appareil psychique ; puis, dans un deuxième temps, en utilisant l'autoplastie de cette forme de défense par alliance avec l'agresseur, il s'effectue une reprise « providentielle » du contrôle sur soi. Une telle défense dénote une érotisation de la scène, ce qui se manifestera ultérieurement dans le système des répétitions.

La dynamique inconsciente d'une tentative de suicide est à inscrire dans ce moment de bascule entre la sensation d'une dérive vers la perte absolue de soi-même (vécu de dépersonnalisation, déréalisation, indifférenciation généralisée), et le besoin impérieux de répéter la reprise du contrôle de soi-même en passant par le déjà vécu de la situation traumatique qui a servi de matrice à la première séquence d'un tel processus.

Tous les suicides ne relèvent pas d'une équation analogue. Il faut différencier le suicide réactionnel des autres formes suicidaires.

De même que tous les groupes ne révèlent pas une dynamique sacrificielle. Les conditions initiales, pour un groupe à potentialité sacrificielle, sont aussi importantes pour ce phénomène collectif que pour le phénomène individuel.

Pour suivre le modèle de René Girard (très simplifié), il faut, pour qu'une collectivité présente un potentiel sacrificiel, un certain nombre de conditions de base : une forte solidarité menacée par des désorganisations internes, une dimension restreinte du groupe afin que la solidarité entre chaque membre porte à construire une identité communautaire qui l'emporte sur l'identité singulière de chacun, tout en permettant à chacun de réagir directement aux événements qui concernent le groupe. Il faut, en outre, que le système de régulation judiciaire n'ait pas atteint une valeur légitimante incontestable. La Loi reste très dépendante de la personne qui l'exerce ; autrement dit, la loi n'a pas atteint un état de transcendance anonyme.

Ces conditions réunies forment un dispositif où la violence trouve plus facilement des « embrayeurs de violence » et moins facilement des régulateurs de violence, ce qui amène à la crise sacrificielle lorsque le processus s'emballe.

On voit qu'il s'agit là, sous la formule d'un groupe restreint, d'un système relationnel déterminé à son origine par des conditions initiales d'instabilité.

C'est, en somme, l'indétermination de la loi qui conduit aux impasses de la crise sacrificielle.

Dans le cadre plus restreint encore d'une cellule familiale, on a pu repérer que les mêmes règles de composition aboutissent à des effets analogues tant au plan relationnel qu'au plan intrapsychique.

Pour René Girard, la finalité du sacrifice n'est orientée que par la production d'un effet différentiel : c'est ce qui constitue la vérité du rituel. La fonction différentielle du sacrifice, révélée, accidentellement, lors du massacre d'une victime émissaire, sera reprise et ritualisée dans le but d'en obtenir les mêmes effets de remise en ordre et en équilibre de la communauté par le rétablissement de valeurs hiérarchisées. En créant un axe différenciateur qui permette le retournement du maléfique en bénéfique dans une opposition contrôlée, le sacrifice restaure le principe d'ordre à partir duquel chacun retrouve sa place et repère son identité.

Dans cette dimension économique, la crise sacrificielle démontre qu'une violence chaotique interne peut être bloquée par un acte susceptible de fixer la violence dans une intervention réelle, encadrée par l'étiquette des rituels. C'est une violence de moindre mal contre une violence illimitée.

Mais peut-on considérer l'acte suicide comme une violence de moindre mal ? La plupart des rescapés du suicide ont considéré lors du passage à l'acte que c'était là un moindre mal au regard d'une monstruosité chaotique intérieure. Ainsi ils expriment fréquemment un sentiment d'apaisement lorsque le processus est enclenché. Ils reviennent au monde alors même qu'ils sont en train de disparaître. On peut attribuer ce calme paradoxal à plusieurs facteurs :

- au niveau de l'idéal, l'un des traits identificatoires conflictuels est éliminé par le passage à l'acte. Le tueur ayant réalisé son acte il suffit d'attendre une manifestation providentielle. Une telle attitude rejoint le niveau de certitude archaïque pré-ambivalentiel. C'est la toute-puissance magique des premiers temps qui s'impose : après le versant maléfique, le versant bénéfique. Cela nous permet d'observer que la suppression d'un tueur interne tout-puissant, renversé en un tout-puissant salvateur, est la figure majeure du premier

conflit inconscient, avant la mise en œuvre de refoulements plus partiels.
- Au plan du narcissisme, la fonction limite est restaurée par l'épreuve de réalité que constitue l'expérience d'un acte qui se réfléchit sur l'être en vérifiant qu'il peut ainsi se diviser pour faire retour sur lui-même.
- Au niveau de l'économie pulsionnelle de l'acte suicide, on peut en conclure : soit que la pulsion de mort est à son maximum de déliaison, si l'on considère que la mort est le moment extrême des processus de déliaison, soit, au contraire, que le déchaînement infini de la pulsion de mort est arrêté par la liaison que constitue la mise en acte dans la réalité d'une violence redéfinie à l'extérieur de soi. Cette deuxième position implique d'admettre que, pour certains, la mort n'est pas la représentation la plus désastreuse ; c'est la peur de la folie qui constitue le moment le plus obscène, l'extrême des processus de déliaison.

L'INDETERMINATION DE LA LOI / ENIGME DU NON DU PERE

La crise sacrificielle trouve sa dynamique interne dans le dysfonctionnement de la limite différentielle, catégorie originaire du dedans/dehors. Un tel dysfonctionnement, s'il ne va pas jusqu'à l'invalidation du Sujet, comme dans la psychose, introduit cependant une indifférenciation des valeurs, une amphibologie permanente du sens, telles que la Loi en devient ambiguë. Or, si la loi fixe le rapport au langage, elle fixe aussi le rapport au partage, dans la langue commune, des interdits et des assignations.

Qu'on ne s'y trompe pas, l'indétermination de la Loi, dans la problématique suicidaire, n'implique en rien la forclusion. Bien au contraire, l'indétermination de la Loi fait ici rappel insistant d'applications de la Loi, de façon répétitive, afin d'en confirmer le principe de réalité. C'est dire qu'une telle dynamique défensive crée une tension, un nouage particulier, entre le Sujet et la Loi, non pas sur le mode pervers de celui qui croit s'approprier la Loi, mais sur le mode plus « religieux/magique » de celui, cabaliste ou herméneute, qui prétend contraindre la Loi à dire la vérité.

L'énigme qui travaille le doute du sujet suicidaire porte sur la puissance paternelle : sur un point capital, à savoir si le pouvoir du père est en mesure de refuser la vie de l'enfant. Le Non du père peut-il s'opposer au désir de produire la vie qui obsède la mère ; c'est une limite à la toute-puissance de sa fécondité. Entre la « Magna Mater » et le « père de la horde », Freud lui-même rencontre des difficultés à fixer l'ordre de préséance. Il opte pour le compromis d'une figure archaïque double qui se redéfinira, plus tard, avec la mise en question de la différence sexuelle.

Mais, pour le suicidaire, la question est suffisamment importante pour qu'il y mette sa vie en enjeu. Le parent originaire tout-puissant est la figure matricielle de l'Idéal du Moi. Mal limitée, c'est une figure Idéale féroce et arbitraire qui s'installe dans l'inconscient. Si la question n'est pas clairement tranchée, c'est, en partie, qu'un fantasme de parthénogenèse, chez l'un ou l'autre parent, contribue à perpétuer, inconsciemment, l'ambiguïté originaire.

Le meurtre d'enfant prend alors tournure d'un fantasme insistant, vengeance ou sacrifice, sur l'autel monoparental, étayé par toutes les situations de violence familiale qui ne manquent pas dans la biographie des suicidants. La formule « on tue un enfant » ne recouvre pas seulement le « meurtre » d'un enfant imaginaire qui serait, en chacun de nous, la trace des rapports primitifs au monde mais aussi la question de la possibilité d'un meurtre réel si le pouvoir de vie et de mort n'est pas limité avec certitude par la Loi.

En cas de traumatisme originaire, la formule du fantasme devient « on a tué un enfant ». Il s'agira alors de se positionner sur les traces du meurtre pour en chercher l'auteur. La curiosité enfantine se heurte d'abord à la Loi du tout ou rien qui constitue la première logique du rapport au monde et à l'autre. Tout ou rien, retournés sur soi-même, deviennent, en logique réflexive, être tout ou n'être rien, dans une réversibilité infinie si quelque chose n'introduit pas un champ de limitation de la perte, champ de la métonymie qui peut prendre la partie pour le tout, faute de quoi le sujet devient sa propre métonymie, en tant que partie d'un tout indiscernable.

L'éthologie nous a appris que l'image du prédateur mortel est inscrite dans un schéma inné chez les animaux. Quel prédateur mortel peut faire image chez le petit humain si ce n'est l'image toute-puissante de l'adulte qui le maintient en vie ?

On voit combien il est facile que s'organise, dans les premiers temps de la vie, une économie psychique basée sur un rapport de forces traumatisant. Le terrain de la névrose infantile est presque inévitable.

Pour autant, tous les enfants ne deviennent pas sujets-limite à potentiel suicidaire. Il nous faut admettre que la névrose infantile banale prend chez certains une tournure plus systématique, c'est ce que nous essayons de traduire sous la formule de la « névrose traumatique originaire ».

V - CRISE ET SUICIDE

L'ETRE SUICIDAIRE

Les statistiques du suicide montrent que le nombre de passages à l'acte est en augmentation chez les adolescents, puis dans la post-adolescence, et maintenant la recrudescence atteint même les hommes mariés de plus de trente ans qui auparavant semblaient protégés par leur statut social et nuptial.

Depuis quelques années, je tente de souligner que dans la décomposition des liens sociaux qui est souvent avancée pour justifier l'accroissement des suicides, ce qui est déterminant ce n'est pas que les liens se défassent ou se remanient, mais que rien ne soit prévu sur le plan collectif pour encadrer ces remaniements.

La gestion collective des périodes de mutation de statut à forte valeur imaginaire pour l'individu est totalement carentielle en Europe Occidentale : il n'y a plus de rites de passage. De ce fait, la fin de l'adolescence est de plus en plus difficile à définir. On constate qu'entre l'enfance et la maturité, le temps de l'incertitude et du paradoxe de la double appartenance s'étire en longueur ; la liberté sexuelle s'acquiert de plus en plus tôt, l'indépendance économique de plus en plus tard, entre ces deux temps d'intégration au groupe s'installe un interrègne paradoxal qui brouille les repères identificatoires au sein de la famille comme dans l'ensemble social.

Il devient de moins en moins conflictuel de trouver son objet sexuel, de se marquer dans l'un ou l'autre sexe, voire de refuser le choix en s'installant dans l'ambiguïté sexuelle ; par contre, le conflit s'est déplacé sur la différenciation des générations.

Il semble qu'un obstacle à la symbolisation de la démarcation des âges trouble le classique affrontement de générations. Mal repérées elles ne se retournent plus l'une contre l'autre dans un jeu d'opposition bien ritualisé. La proximité des liens intrafamiliaux intègre de plus en plus mal les oppositions, de sorte que nous risquons de voir les mécanismes d'opposition se déporter vers des formules plus excentrées, comme des catégories de personnes moins connues, soit des clans, des classes ou des coteries.

L'indifférenciation des générations est à considérer comme indice d'une symbolique collective en crise. Crise du lien social ou de ce qui dans le social fait lien, car il n'est de lien efficace qu'au-delà d'une division efficiente.

Or la désaffection des rites laisse en déshérence les logiques de la transmission (durée, passage, subordination temporelle) ; dès lors, l'incohérence gagne les processus de mutation. Il en est ainsi en fin d'adolescence mais aussi pour l'enfantement, la ménopause ou la sénescence ; en fait, chaque fois que l'individu doit assumer un rôle qui modifie fondamentalement son identité par rapport à son groupe d'appartenance.

L'étalement du changement dans le temps, sur le mode du vague et de l'aléatoire, fait que les périodes de crise ne débouchent plus sur de nouvelles formes signifiantes permettant une nouvelle stabilisation à un autre niveau.

Les rites de passage avaient une fonction essentielle, très bien formulée par Claude Lévi-Strauss. « C'est la société toute entière qui enseigne à ses membres qu'il n'est pour eux de chance, au sein de l'ordre social, qu'au prix d'une tentative absurde et désespérée pour en sortir. »

Après avoir évoqué la dureté de ces épreuves de la puberté où « tout est prétexte à provoquer l'au-delà » : mutilations, déchirements, affamement, abandon jusqu'au délabrement physiologique, C. Lévi-Strauss. souligne que lorsque les institutions et coutumes ne semblent plus laisser de place au jeu du hasard, de la chance ou du talent, alors le seul moyen de forcer le sort serait de se risquer sur une frange périlleuse où les normes sociales cessent d'avoir un sens ; d'aller jusqu'aux limites du territoire policé ; « car c'est sur cette bordure instable qu'on s'expose soit à tomber de l'autre côté pour ne plus revenir, soit au contraire à capter, dans l'immense océan de forces inexploitées qui entoure une humanité bien réglée, une provision personnelle de puissance grâce à quoi un ordre social, autrement immuable, sera révoqué en faveur du risque-tout.[1] »

Ainsi, une société trop rigidement policée sait prévoir, par les épreuves du passage, la tentation réactionnelle de frôler le chaos et, en ayant touché la limite, de revenir à soi, sur un ordre et une place reconnus socialement.

Au premier degré, il apparaît que les rites de passage ont pour fonction d'attribuer une place sociale à l'individu ; soit dans la différenciation sexuelle homme/femme (Schurtz), soit dans les catégories d'âges : enfant/adulte/vieillard (Lowie), ou encore, les rituels sont censés discriminer deux univers antagonistes, par exemple, chez les Samo, l'univers féminin, porteur d'anomie et de désordre, de l'univers masculin porteur des valeurs sociales d'ordre (F. Héritier) ; chez les Bororo, il s'agira de trier dans toute une série d'oppositions de principes, ceux qui constitueront l'identité définitive de l'adulte sans entrer en contradiction conflictuelle (C. Crocker).

Mais, au-delà de cette fonction classificatoire évidente, on peut voir aussi, en se référant à C. Lévi-Strauss, que l'une des fonctions des rites de passage consistait à articuler dans une symbolique cohérente l'affrontement, dans l'économie psychique, d'un excès de stabilité avec un excès d'instabilité et, pour y parvenir, il fallait que la collectivité encadre la limite mortifère que devaient frôler les jeunes gens pubères exposés à ce type de crise.

---

[1] C. Lévi-Strauss, *Tristes Tropiques*.

Que devient une telle dynamique lorsque le stable et l'instable ne s'opposent plus par manque de différenciation ? Que devient l'épreuve de la limite quand l'illimité envahit les valeurs ambiantes ?

Ici et maintenant, comment poser collectivement ces problèmes qui sont typiquement ceux de l'économie de l'adolescence ? L'affrontement pulsionnel du stable et de l'instable n'est ni repris, ni rejoué, ni symbolisé en termes intégrateurs par l'ensemble social.

Et d'ailleurs, comment symboliser les passages fondamentaux de la vie où se réactive une telle économie dans un environnement où le rythme instable et aléatoire de la mode, avec sa logique de valorisation de l'éphémère, semble dominer tous les secteurs de notre société ? L'information, la production, la politique, l'art, la Pensée sont entraînés dans l'accélération de l'ostentation des signes qui défilent au rythme de l'audiovisuel. Avec la mondialisation des réseaux, on peut s'attendre à une cancérisation sémiotique généralisée (Baudrillard) si l'on n'introduit pas d'urgence des régulations.

Ce n'est pas un problème d'interdit ou de morale qui se pose ici. Il n'est pas question de Bien ou de Mal, il est question de la nécessité d'un pare-excitation, y compris au niveau de la circulation des signes.

Dans un champ émotionnel en continuel emballement, les affects dérapent sur les représentations. On croit symboliser parce qu'il y a pléthore d'icônes, mais la symbolisation a besoin d'une durée d'application pour faire trace, pour saisir ses objets et ses thèmes ; sans cette durée d'application c'est le régime du processus qui fait trace. Lorsque le processus s'empare d'un thème, au lieu de se qualifier, de se formuler dans cette jonction (liaison fugace), il parasite le thème. De sorte que la turbulence parvient à désarticuler la forme des objets de pensée. C'est le principe même de leur transformation dans le discours qui s'efface. La discontinuité domine le mouvement. La métaphore prend tournure de contrepèterie dans un processus de substitution si fugace que ce n'est plus l'image qui fait son dans la parole, mais le son qui fait image.

Si tout devient éphémère, la trame du symbolique est infiltrée par l'irruption des rythmes et des processus, comme dans le psychisme du petit enfant chez qui ne fonctionne pas efficacement le pare-excitation. Alors on parlera, pour les individus et pour les masses, d'hyperactivité, d'hyperkinèse, d'hyperémotivité ou d'hypersensorialité avec cet accompagnement permanent du « stress » qui n'est jamais qu'un processus sans qualité.

Tout passe et rien ne sait plus prendre le temps du passage. Aussitôt parti il faut être arrivé ; il faut produire et produire encore les signes de son existence pour ne pas tomber dans le non-sens. Dans le temps de l'éphémère c'est la métonymie qui finit régulièrement par gérer les représentations. La partie fait le tout parce que tout n'est qu'une succession éphémère de parties. L'imaginaire collectif se nourrit d'un régime de clins d'œil. A ce rythme-là, les actes fondamentaux perdent leurs signifiants : mutation, échange, fin et recommencement, dans la symbolique de la mort et de la renaissance. Or, ce sont là les signifiants essentiels qui font de l'expérience des rites de passage un carrefour d'intrications complexes où finalement doit se produire un saut qualitatif propre à engendrer des formes nouvelles.

C'est dire que non seulement nos rites de passage sont tombés en désuétude, mais que, de plus, la logique qui sous-tend la fonction des rites a perdu, dans les sociétés occidentales, la base économique de son efficacité. Les formes nouvelles qui s'engendrent ne prennent pas valeur en tant que création de formes mais en tant que nouveauté.

Les adolescents sont en crise. Sont-ils en crise depuis toujours ?

La notion d'adolescence est relativement récente ; quant à la crise d'adolescence (exception faite des thèmes romantiques), c'est finalement un phénomène qui suit le développement urbain. On peut se demander si la perte d'évidence dans les contenus de la transmission entre générations n'y est pas pour quelque chose. Un bien ou un savoir-faire qui se transmet de père en fils accompagne et étaye le passage du temps, comme le passage des valeurs. La transmission est un principe de cohérence lorsqu'elle est ordonnée en succession de passages. Par contre que devient-elle dans le chaos des différents exodes des anciens ruraux, des anciens coloniaux, des néo-ruraux, auxquels il faut ajouter toutes les figures de dissociation de patrimoine et de résidence des familles éclatées ?

Pour la plupart, les jeunes en tentative de suicide se plaignent de ressentir l'incohérence du monde se propager en incohérence interne. Certes, l'emprise de l'absurde n'est pas une nouveauté mais, pour certains, de plus en plus nombreux, cette incohérence existentielle se transforme en un véritable étau sacrificiel.

Pourquoi certains ont-ils besoin plus que d'autres d'un passage à l'acte mortifère, alors qu'ils ne sont apparemment ni plus malheureux, ni plus défavorisés ?

Sans doute existe-t-il un potentiel suicidaire en chacun de nous, pour autant, ceux qui passent à l'acte constituent un ensemble où l'agir autodestructeur n'a pas rencontré d'inhibition. C'est un vaste ensemble si l'on prend en compte les chiffres du suicide et des tentatives de suicide, et un ensemble hétéroclite au sein duquel il faut distinguer, entre les parades suicidaires des hystériques et l'obstination mortifère des mélancoliques, une cohorte d'êtres suicidaires qui passent à l'acte sur le coup d'une impulsion et qui, tout aussi bien, ne le feraient plus quelques instants plus tard.

La majorité des suicidaires échappe aux classifications des pathologies mentales. Ce ne sont ni de véritables dépressifs, ni des psychotiques, ni des psychopathes. En fait, les trois quarts des actes suicidaires sont accomplis par des personnalités plutôt mal organisées que trop systématiquement marquées par une pathologie bien déterminée.

En partant de ce constat d'un manque d'organisation défensive nous avons posé l'hypothèse d'une pathologie caractérisée par une perturbation économique très archaïque, antérieure à la mise en place du système de défense par les instances de régulation. En ce qui concerne la pathologie suicidaire, la période de latence peut être très longue, en effet, le conflit de démarcation, s'il se pose virtuellement dès la constitution de l'individu, se pose réellement et donc se renforce avec les obligations sociales incombant à la personne en tant que telle.

Qu'est-ce qu'une défense mal organisée ?

C'est la dynamique interne d'un sujet si mal différencié qu'il ne sait pas faire exister durablement ses objets d'investissement (intérêt amoureux ou agressif) à une distance qui lui permette de projeter ses scénarios imaginaires. Entre fusion et défusion, les scénarios se cantonnent à la perte du sentiment d'exister dont l'envers est la terreur de l'abandon. On voit qu'il y a là construction d'un dispositif relationnel qui métabolise sans efficacité les excitations internes et externes.

On pourrait dire de la première projection de l'appareil psychique humain qu'elle est un jet de haine. Une colère meurtrière conduit le bébé à créer un espace hors de lui-même pour se soulager de l'extrême tension qu'il ressent. Donc l'extérieur est d'abord marqué par la haine. Dans un deuxième temps seulement, le lien qui permet au psychisme de survivre entre deux poussées de haine ou entre deux effondrements servira de base à la construction d'un objet d'amour qui tienne la durée en dépit de son absence.

Dans le cas d'une structuration limite, le bébé a bien réussi à évacuer à l'extérieur ce qui est destructeur pour lui-même, mais en raison soit de douleurs excessives, soit de circonstances insupportables, le lien entre deux moments de haine ou d'effondrement ne réussit pas à assurer la continuité du sentiment d'exister ; la frontière dedans/dehors n'assure plus suffisamment son rôle discriminant et laisse passer très vite et trop fort le matériel qu'on a tenté d'éloigner de soi.

En dehors de personnalités structuralement définies par l'instabilité originaire, donc, lorsque nous n'avons pas à faire à des sujets-limite, il est cependant possible de rencontrer des troubles du même ordre ; par exemple chez les adolescents. Certes, leur instabilité est affaire de période, entre l'enfant et l'adulte, l'oscillation adolescente est conflictuelle : deux identités antinomiques s'affrontent. Mais s'agit-il vraiment d'une antinomie ?

Lorsque la crise d'adolescence n'était répertoriée, ni par les psychologues ni par les sociologues, en phénomène de masse, il existait déjà des enfants et des adultes, mais le passage d'un état à l'autre suivait des signes clairs et ordonnés, à la fois corporels et sociaux. Pour comprendre les impasses actuelles de l'adolescence et leurs manifestations symptomatiques nous pensons qu'il faut tenir compte de la conjonction de plusieurs indéterminations.

A l'indétermination des valeurs et des rôles, très rebattue, il faut ajouter un renforcement des mécanismes originaires chez les individus de moins en moins capables de systématiser leurs défenses en défenses secondaires. Nous avons là une pathologie psycho-somato-sociale, ce qui en augmente la complexité et justifie que plusieurs visées épistémologiques se retrouvent sur le même objet.

L'adolescent d'aujourd'hui, dans le bain d'une indétermination ambiante, retrouve les frayages régressifs d'une économie originaire. En cela, il rejoint le Sujet-limite caractérisé par sa névrose traumatique originaire.

Rappelons que la névrose traumatique originaire est une structuration du psychisme composant avec l'effraction étendue d'une violence indifférenciée et avec les peurs archaïques ; sa formule défensive est organisée par trois axes : la répétition, le retournement sur soi et le renversement en son contraire.

L'adolescent retrouve donc ses frayages originaires et il n'est d'ailleurs pas le seul à faire l'expérience de ces retrouvailles ; nous avons constaté que toute personne soumise à un afflux pulsionnel impossible à lier, dans une réalité où les mécanismes de répétition ne suffisent plus à contrôler la détresse, est susceptible d'en revenir à l'équation pulsionnelle primordiale de la première trace de détresse inscrite dans son tissu psychique.

C'est le cas lorsqu'une réalité extrême ne peut plus être recouverte par le réseau des significations et se retrouve dans l'insensé d'un choc émotif grave.

L'IMPASSE ET LA CRISE

Comment le psychisme entre-t-il en crise ?

Il faut revenir au trauma qui est l'archétype de toute crise psychique. Le traumatisme psychique n'est pas déterminé par l'événement traumatisant mais par la réponse du sujet à l'événement, cependant, pour qu'il y ait réponse il faut aussi une composante événementielle. Ces bribes de réalité, très ancrées dans la perception, agissent comme des effracteurs du pare-excitation.

Le rôle désorganisateur de ces événements, dont nous verrons plus loin comment ils se constituent en chaîne signifiante du trauma, nous permet de comprendre, peut-être, l'entrée en crise suicidaire à partir de motifs qui semblent anodins.

Il suffit de souligner ici que des sortes de « particules événementielles » prennent valeur de détonateur de la crise en raison d'un lien de signification, souvent inconscient, avec toute une série de situations douloureuses qui, parfois, remontent jusqu'au-delà de la mémoire historique, jusqu'au hors-sens ou jusqu'au non-sens. Le lien entre ces particules est donc un lien de trauma ; ce qui implique qu'elles sont chargées d'un potentiel de désorganisation, voire de déstructuration ; elles vont signifier au sujet d'abord la perte de l'omnipotence, puis la perte de contrôle sur sa vie psychique, puis l'anéantissement, c'est-à-dire la perte du pouvoir d'illusion qui permet de survivre quand le réel devient trop opprimant.

C'est aussi un temps de résurgence des traces d'anciennes terreurs ; traces réalistes, dans l'inconscient pour qui le temps est toujours actuel. Les affects se présentent avec l'intensité de leur premier surgissement et la même confusion imaginaire et symbolique. De cela, l'adolescent n'en ressentira qu'une vague impression de chaos intérieur, indéfini, puissant et pourtant dérisoire à l'analyse de sa conscience.

L'impasse suicidaire se fabrique avec la conjonction de ces éléments hétéroclites de deux époques psychiques en surimpression qui se contaminent réciproquement dans la mesure où un événement actuel vient réactiver le passé traumatique tandis que ce passé traumatique va, en retour, surcharger d'affects archaïques le moment présent. Le vécu d'impasse résulte de cette corrélation et se traduit par un sentiment d'impuissance, de temps arrêté, de perte de sens, avec une seule évidence qui devient obsédante : il faut faire quelque chose pour réamorcer un mécanisme dynamique.

Les conditions d'une crise sont réunies lorsque les mécanismes de défense qui permettaient de déplacer, même provisoirement, les tensions vers un objet externe sont rendus inefficaces. Lorsque les déplacements deviennent des retournements, c'est que, d'une certaine façon, l'étendue externe qui organisait un écran de projection s'est réduite à un espace minimal qui ne retient plus les investissements et dont la seule fonction d'exterritorialité consiste à fixer un pôle de retournement. Dès lors, toutes les tentatives de défense par déplacement des tensions produisent un effet boomerang, c'est-à-dire que régulièrement tout essai de liaison objectale se transforme en liaison narcissique par retour sur le Moi même.

Malgré l'accélération et la multiplication des retournements, en reprise de la stratégie dynamique primaire, le Moi finit par être submergé par ses propres tentatives de défense, et se retrouve en état de stase. A ce moment là, le passage à l'acte vient défaire la stase en soutenant la circulation des investissements dans l'agir, à défaut d'une mentalisation suffisante pour drainer la masse des affects. Le passage à l'acte est une sorte de prothèse dynamique externe qui ouvre l'impasse suicidaire, tant sur le plan pulsionnel par la décharge maximale qu'un tel acte abréagit, que sur les plans de l'imaginaire et du symbolique qui se réarticulent par le contrôle de l'agir.

Une catharsis a toujours un effet calmant, elle purge les tensions. Mais l'agir suicidaire est une catharsis paradoxale : fait pour calmer, il déborde régulièrement l'objectif de l'apaisement. Au-delà du principe de plaisir l'acte suicide poursuit son processus de décharge jusqu'à la limite mortelle.

Ce trop de décharge va alors se constituer en nouvelle effraction du pare-excitation, tant par le vécu corporel du coma et de ses suites que par les effets surmoïques relayés par l'environnement familial et social.

Ainsi, le réveil d'un coma post-suicidaire est encore à inscrire dans la chaîne du traumatisme et par conséquent à traiter comme un moment traumatique. On voit la nécessité d'un encadrement compétent de ce temps de retournement d'une défense en désorganisation.

VI - LE SUICIDE REACTIONNEL

Le suicide est-il un symptôme ? Prend-il son sens et son économie dans une organisation spécifique ? Voilà une question pour la psychopathologie.

Le problème théorique est d'ordre logique : comment décrire une structure psychique qui ne révèle sa pathologie qu'en une mise en acte, sans pour autant la définir comme une pathologie actuelle. Comment ne pas réduire à une problématique actuelle un agir qui se revendique du présent alors que les soubassements historiques et cliniques sont demeurés discrets ? Comment échapper à la contradiction interne d'une proposition théorique, quand il s'agit de rendre compte d'un processus agissant simultanément sur plusieurs plans temporels, notamment l'actuel et l'originaire qui semblent encadrer le champ du représentable comme deux limites aporétiques ?

Et pourtant, dans les productions oniriques de ces sujets on retrouve trace de répétitions apparemment insensées mais qui prennent un sens dès lors que le travail analytique les réattribue, en tant que perceptions-écran. Il faut donc bien qu'en avant-coup, comme en après-coup, une représentation puisse être activée dans l'inconscient, en dehors du classique retour de refoulé.

Dans la répétition traumatique, l'avant-coup et l'après-coup se conjuguent pour produire les effets de feed-back spécifiques des névroses traumatiques. La diachronie du traumatisme est à la fois cyclique et évolutive, car les boucles de la répétition ne sont pas répétition de l'identique. Chaque passage est cathartique et par conséquent modifie la charge de liaison ; chaque interprétation actuelle se déploie jusqu'à l'ombilic du signifiant et redéfinit la réalité rétroactivement, sans quoi il n'y aurait aucun espoir de guérir d'une névrose traumatique.

Ainsi, définir le suicide réactionnel comme symptôme produit par la structure spécifique d'un Sujet psychique n'est pas une absurdité logique si l'on admet que la structure en question est une formule stable d'instabilité. La formule est paradoxale mais correspond à ce que nous repérons sur le plan clinique. Si l'on définit la « structure » comme : « un tout formé de phénomènes solidaires, tels que chacun dépend des autres et ne peut être ce qu'il est que dans et par sa relation avec eux. » (A. Lalande), nous voyons que l'organisation traumatique en névrose originaire détermine dès la mise en place des instances topiques de l'appareil psychique un ensemble de phénomènes solidaires, orchestrés par l'inconscient autour de l'expérience traumatique d'un vécu de mort psychique. Ce qui est déroutant dans la notion de structuration limite, c'est qu'il faut renoncer à l'habitude de penser la structure comme un organisateur de formes stables et répétitives pour appréhender une organisation de formes « catastrophiques », instables et répétitives.

La structure, dans le cas des sujets-limite, n'est formulée ni par la division du Sujet sur son désir, ni par la forclusion, comme solution définitive : clivage plutôt que division, c'est l'indétermination des instances, leur vacillement perpétuel autour de l'axe de la loi qui justifie tout le fonctionnement du Sujet. Que l'indétermination soit renforcée par l'extérieur, c'est-à-dire le relationnel, n'exclut pas que dès l'origine, en raison du climat traumatique excessif, il se soit constitué un ensemble à la topique incertaine, champ du vague et non du confus, qui a produit ses lois de composition interne telles la multiplication répétitive des épreuves de réalité pour renforcer le principe de réalité. Une topique où la réalité joue contre le réel pour que le symbolique prenne place. Un attelage du signifié et du signifiant noués par une syntaxe de contexte comme dans l'holophrase dont la fonction déictique est de compléter une formule sémantique inachevée. C'est le syndrome de Saint-Thomas : il faut toucher la réalité de la plaie pour croire à la résurrection du Christ.

L'élaboration en système de la réactivité affective pour mécanisme de défense, c'est, en fait, la reprise fonctionnelle, mal tempérée par des défenses plus élaborées, du premier acte mental par où la première épreuve de réalité a installé le principe de réalité dans le fonctionnement psychique. C'est aussi l'indice d'un travail permanent pour traduire en symbole ce qui du réel traumatique doit échapper à la sidération traumatique pour réintégrer l'histoire de l'individu.

Comment définir une telle structure ? Par son origine et sa finalité essentiellement dynamiques.

Dans la mesure où les données historico-économiques d'un trauma initial se conjuguent régulièrement, par le jeu de la répétition, avec les données simplement anecdotiques de l'actualité vécue, il se crée une métapsychologie spécifique de la névrose traumatique, déterminée par un événement et une réponse à cet événement, à cela près que l'événementiel est, dans ce cas précis du trauma originaire, l'événement fondateur du système psychique.

Dès lors, la force attractive des traces originaires conserve une dynamique prépondérante dans toutes les stratégies défensives : l'actuel est régulièrement coapté par l'originaire.

En revanche, nous pouvons compter que, dans le cours de la pratique thérapeutique, les traces originaires trouveront dans l'actualité, par des frayages moins résistants, un vecteur signifiant dont l'émergence dans le réel est en mesure de produire une métaphore primitive sur la place même du non-sens traumatique (voir, plus loin, l'illustration clinique avec le cas de M.N).

On voit que la modalité réactionnelle du suicide n'est pas facile à analyser, si l'on exclut d'en faire un simple élément de névrose actuelle dont la raison serait d'ordre quantitatif.

SUICIDES PATHOLOGIQUES ET SUICIDE REACTIONNEL

La description nosographique du suicide réactionnel procède d'une discrimination préalable. Il s'agit de le différencier d'autres formes de suicide déjà bien établies mais dont nous avons constaté qu'elles ne sauraient recouvrir l'ensemble du phénomène suicidaire. Le suicide réactionnel est une modalité de passage à l'acte qui intervient en dehors des pathologies mentales définies par leur organisation systématique de symptômes (névroses) ou leur inorganisation (psychoses). Le suicide que nous décrivons intervient dans le cadre d'un tableau banal.

En dehors d'une réactivité émotive excédant le niveau ordinaire, les suicidaires ne se signalent pas par des symptômes strictement répertoriés. C'est un tableau transnosographique présentant aussi bien des phobies, des obsessions, des troubles du comportement ou de la relation, dans un panachage qui les fait souvent classer parmi les Etats-limite, encore que cette classification soit toujours tempérée d'un qualificatif atténuant. A la marge des déjà marginaux Etats-limite, les sujets présentant un potentiel suicidaire sont en fait des Sujets-limite, c'est-à-dire une forme de névrose où l'inconscient joue son rôle sans que l'organisation défensive ne prenne la rigidité et la stéréotypie des autres névroses.

Il serait sans doute plus judicieux de se référer aux suicides en classifiant différents types de passages à l'acte en fonction, non pas de leur finalité imaginaire, comme l'ont fait les sociologues (Baeschler), mais en fonction de leur dynamique défensive. Toutefois, il est apparu que le champ du suicide infirme la plupart des classifications, tant la complexité du phénomène introduit des paramètres d'ordres divers. Il est difficile de dégager un syndrome d'un ensemble sans le simplifier quelque peu. C'est pourtant le but de la démarche théorique et nous procéderons par élimination.

Ainsi, prenons l'axe diacritique de la relation d'objet :
- soit le suicide intervient dans le cadre d'un ensemble de symptômes liés à un conflit de la relation d'objet, c'est alors un suicide névrotique ou mélancolique (« l'ombre de l'objet tombe sur le Moi » Freud) ;
- soit l'agir autodestructeur n'est qu'un avatar de l'inorganisation psychotique et dans ce cas le suicide est inclus dans le tableau de la psychose.

Mais, en dehors de ces deux champs suffisamment balisés, il reste toute une masse d'actes autodestructeurs qui se qualifient par leur imprévisibilité et une modalité proche du raptus.

Faudrait-il en conclure qu'il s'agit là d'une extension de plus en plus importante de la névrose actuelle ? Le stress, la déprime, le chômage, fourniraient des contingents de suicidaires par contamination sociale, sans que l'inconscient y ait tramé sa partition ? On adopterait là une vision opératoire du phénomène suicidaire. Version défensive qui relègue la mort en dehors du désir de vivre ou de mourir, dans une simple addition de facteurs mécaniques.

La véritable question, pour qui fréquente les suicidaires, est de comprendre comment l'inconscient infiltre le désir suicidaire pour en faire un symptôme.

En ce qui concerne le suicide réactionnel, nous avons donc affaire à des individus qui, en temps ordinaire, font suffisamment preuve d'une adaptation à leur environnement. Cette disposition à s'ancrer dans la réalité permet d'en induire que leur Moi fonctionne dans son rapport au principe de réalité.

Par contre, l'acte suicide démontre que leur système défensif est insuffisamment ordonné par des mécanismes mentaux puisqu'il y a recours à un agir. Autant dire que toute leur dynamique défensive est insuffisamment structurée et ne résiste pas à des zones de turbulence conflictuelle, là où d'autres, névrosés ordinaires, trouvent des solutions moins radicales.

On en tire l'hypothèse que l'adaptation à la réalité n'est pas seulement un compromis entre principes de plaisir et de réalité, mais qu'elle dénote un surinvestissement dans une formation réactionnelle de défense : ces sujets concentrent une grande partie de leur énergie à la défense de leur rapport à la réalité et à la maintenance de leur Moi dans ce rapport.

Faut-il considérer qu'une telle adaptation est factice puisque trop défensive ? On peut aussi considérer qu'un tel rapport à la réalité est une rémanence, un « fueros » de la modalité originaire qui lie le Sujet à la réalité. Une modalité originaire n'est pas factice, elle n'a pas les moyens du simulacre.

Mais s'agit-il encore d'une formation réactionnelle ?

Certainement, si l'on admet que le jeu du mécanisme de renversement en son contraire avec son corollaire, le renversement sur soi, forment, au-delà de leur économie cathartique, un binôme qui peut attaquer ou défendre soit le Sujet (réalité psychique), soit la réalité externe (topique objectale), comme deux pôles d'une alternative renforçant leur solidarité réciproque. Ce n'est pas la réalité des objets qui est en ce cas attaquable, c'est toute la réalité, c'est-à-dire le champ, la catégorie réalité en son principe ; de même, le sujet est en risque de se perdre et non de perdre une partie de lui-même. Voilà le conflit qui organise le symptôme suicidaire sur ses bases originaires.

Un passage à l'acte suicidaire ramène nécessairement à soi-même ; c'est, dans le champ sémiotique, le signe le plus catégorique ou du moins le signe le plus proche de la réflexivité subjective en tant que catégorie mentale.

Il suffit de considérer l'exercice de réflexivité comme la raison d'une base métapsychologique du suicide pour défaire le symptôme de l'événement actuel.

En oubliant l'intention de se donner la mort, qui n'est jamais très claire chez les rescapés du suicide, il reste l'intention de se donner quelque chose, de soi à soi. Si rien ne fait preuve suffisante de votre existence en tant que sujet (doué d'autonomie de désir et de cohérence), la possibilité de supprimer l'existant constitue bien la preuve ultime qu'il était là en tant qu'être, non pour la mort, mais désirant jusqu'à la mort, si la mort peut devenir une figure du désir.

On ne soulignera jamais assez combien les exercices répétitifs sont liés aux effets du traumatisme et par conséquent à la nécessité de restaurer une intégrité psychique attaquée par la violence du vécu traumatique. Or, Freud a bien mis en valeur les mécanismes de retour sur soi jouant dans la répétition, ainsi que l'exhaussement subjectif qui en résulte. Le contrôle de la perte, par le jeu du proche et du lointain, assujettis à la volonté de l'enfant, lui permettent de ne pas sombrer dans la déréliction. De même, nous voyons dans l'agir suicidaire l'effectuation de deux tendances : d'une part le besoin de contrôler une situation, d'autre part la confirmation du retour sur soi subjectif.

Ceci donne à penser qu'un tel agir correspond à des bases économiques et dynamiques analogues aux jeux répétitifs de l'enfant.

Le terrain suicidaire, est donc essentiellement une dynamique d'amplification catastrophique de tensions internes/externes rendues à un seuil critique lors d'une désorganisation soudaine des équilibres et défenses ordinaires. L'ampleur de la réaction de désorganisation fait partie du tableau clinique de la névrose traumatique, elle est régulièrement accompagnée d'un renforcement de la compulsion de répétition. Certes, l'activation du processus suicidaire dépend d'un déclencheur accidentel, mais ce déclencheur ne suffit pas à justifier le symptôme ; il n'est qu'un catalyseur d'éléments économiques en instance.

Il est donc nécessaire qu'intervienne la conjonction d'un phénomène actuel avec un terrain déterminé par des stratifications de traumas successifs pour qualifier le passage à l'acte en suicide réactionnel.

Isoler ainsi une forme spécifique dans l'ensemble des suicides permet, en principe, d'éviter deux controverses :

- Pour certains psychiatres, le suicide ne constitue pas en soi une entité psychopathologique. En effet, considérant qu'on retrouve les agirs suicidaires dans tous les tableaux pathologiques, on peut estimer qu'il ne s'agit que d'un symptôme additif dans un ensemble déjà déterminé par une nosographie précise. Or, nous avons montré que le suicide réactionnel devait être considéré comme un symptôme organisateur dans le cadre d'une organisation défensive non systématique.
- Par ailleurs, certains sociologues en arrivent à dénier au suicide tout caractère psychopathologique. Pour Durkheim et les néodurkheimiens, il n'y a pas de rapport entre le suicide et la maladie mentale. Si l'on s'en tient aux statistiques, il serait inconsistant de voir une relation entre la quasi stabilité du nombre de malades mentaux et la variabilité du phénomène suicidaire.

En fait, dans l'ensemble du phénomène suicidaire, nous proposons de différencier une cohorte stable qui est liée aux maladies mentales et une cohorte aléatoire, bien plus importante en volume, qui est liée à la forme réactionnelle du suicide.

On comprendra la variabilité des chiffres du suicide si l'on tient compte du fait que, quel que soit le nombre des suicidaires potentiels, il faut encore qu'ils se trouvent mis en présence d'un élément déclencheur présentant la particularité d'être à la fois actuel, en tant qu'événement, mais connecté aux traces traumatiques anciennes par un rapport signifiant.

L'acte suicide est donc déclenché par l'actualité mais n'est pas déterminé par elle et encore moins par le déterminisme collectif de facteurs socio-politiques comme tendent à le soutenir certains articles récents de sociologues néo-durkheimiens.

Faut-il en conclure que le suicide réactionnel échappe au champ de la psychiatrie ?

Si l'on s'en tenait à la stricte nosographie psychiatrique, le suicide réactionnel n'existe pas (la névrose non plus, d'ailleurs). Fort heureusement, la pratique psychiatrique s'est largement ouverte à la psychanalyse, ce qui permet de tenir compte des logiques de l'inconscient, y compris dans des marges laissées en friche par Freud lui-même.

On n'appréhende plus le problème du suicide comme on le faisait il y a une dizaine d'années. Il est beaucoup plus rare de rencontrer des positions soutenant que les agirs suicidaires relèvent d'une aliénation psychique grave, quasi irréversible, du même ordre que la psychose. Bien plus souvent le suicide est considéré comme un acte psycho-sociétal, du moins dans sa modalité réactionnelle qui n'était quasiment pas prise en compte il y a quelques années.

En 1986[1], l'hypothèse de considérer certains passages à l'acte sacrificiels comme des équivalents de rites de passage à usage intime semblait une construction fantaisiste plus littéraire que clinique. A de rares exceptions (Dr H. Grivois, cf. article : « Il n'y a plus de rites de passage » - journal *La Croix*, 5-6 juin 1988.), les psychiatres tenaient à ce que le suicide réussi soit un acte gravement pathologique et le

---

[1] S.Olindo-Weber, 1986, Thèse de doctorat : *Stase et suicide*, (Paris) reprise dans *L'acte-suicide*, 1988, Paris, Hommes & groupes, ainsi que, 1991, *La diagonale du suicidaire*, Paris, L'Harmattan.

suicide raté, la tentative de suicide, plutôt une simulation hystérique. Les choses ne sont plus aussi caricaturales et l'on admet plus facilement que le phénomène suicidaire est un ensemble dont la logique ne relève pas du résultat de l'acte.

L'évolution des mentalités est repérable autour des années 90, avec les premières émissions télévisées sur ce « problème de société ».

Lorsque l'on constate que tout un chapitre d'un ouvrage de psychiatrie sur l'adolescent suicidaire[2] porte sur : les rites, le « passage », et le déclin du symbole ; que l'on s'y pose la question : « maladie mentale ou souffrance psychologique ? » force est de constater qu'une avancée s'est produite dans la prise en considération et la prise en charge psychiatrique du suicide des jeunes.

---

[2] X. Pommereau, 1996, *L'adolescent suicidaire*, Paris, Dunod.

VII - DES CHIFFRES ET DES ETRES

NOUVELLES STATISTIQUES

On pouvait lire, en gros titre, dans le journal *Le Monde* du 4 février 1998 : « Enquête sur le suicide en France » ; et, en effet, toute la page huit était consacrée au suicide, thème si peu récurrent dans la presse écrite et audiovisuelle que le rédacteur en chef du Monde ne manqua pas d'en souligner l'audace dans une émission culturelle du matin.

Belle audace, à laquelle pourtant nous tenterons d'apporter un bémol. La page huit du journal est barrée par une annonce : « Les sociologues redécouvrent les liens entre suicide et crise économique ». On devine déjà que le retour du suicide sur la scène médiatique va devoir se plier aux fourches caudines de la perspective sociologique.

Pire encore : le 25 avril, dans *Le Figaro*, sous le titre « les causes du suicide », on trouve une affirmation : « il est lié au chômage et au relâchement des liens familiaux ».

En deux mois, la verve médiatique est passée de la retrouvaille du problème à la trouvaille de sa solution. De l'hypothétique à l'apodictique, le pas est franchi dès la première reprise. Ainsi va l'information sous le régime du spectacle.

Or, sur quelles bases les sociologues appuient-ils leurs certitudes ?

Depuis Durkheim, rien de nouveau, la raison première est une raison statistique. Nous avons sous les yeux deux courbes qui se suivent avec une corrélation de 0,85 (précision remarquable dans le champ incertain du suicide), deux courbes donc, quasi superposables. On additionne et compare des chiffres, sur les quinze dernières années :
- d'une part, le nombre de suicides des hommes en général,
- d'autre part, le nombre de chômeurs parmi les jeunes hommes « sortis de l'école depuis deux ans ».

Donc, d'un côté, une cohorte d'hommes suicidés, soit environ 8.000 personnes par an, de l'autre, une cohorte d'environ 1.000.000 de personnes. Il aura fallu d'astucieuses pondérations pour réduire l'écart entre ces deux masses comparées et pour les conjuguer dans un même ordre linéaire. Mais, de plus, pour parvenir à ce parallélisme des courbes il aura fallu exclure la moitié de la population concernée par le problème du suicide comme par le problème du chômage, c'est-à-dire les femmes. C'est un fait, les femmes se suicident différemment, chôment-elles différemment ?

Par contre, il aura fallu inclure dans la masse des hommes suicidés les jeunes de moins de 18 ans qui y sont comptabilisés et dont on peut penser que la problématique pubertaire domine largement la problématique du chômage.

A ces remarques sur la technique statistique, il faut encore ajouter une incidente de principe : est-il justifié de limiter l'étude du phénomène suicidaire aux seuls suicides réussis (environ 12.000), alors qu'il y a 150.000 tentatives de suicide par an (tentatives suffisamment significatives pour nécessiter une hospitalisation) ?

A ces « détails » près, les courbes du suicide et du chômage peuvent entrer en « étroite » corrélation.

Après le champ du Chiffre, le souffle de l'argument : on nous dit que la France détient l'un des plus forts taux de suicide de l'Union Européenne. On se penche par conséquent sur un problème « national ».

On soutient que la crise économique est la raison de la recrudescence des suicides en France.

Mais on nous dit aussi que l'Espagne dont le taux de chômage « est presque deux fois plus élevé qu'en France a pourtant un taux de suicide trois fois moindre ». L'Italie et le Royaume-Uni qui ont un chômage très différent ont un taux de suicide identique. Y aurait-il une contradiction ? Les sociologues du suicide n'en relèvent pas. Par contre, dans une autre revue on lira que « l'Amérique est sortie de la crise mais pas les Américains » qui se suicident de plus en plus.

Comment concilier logiquement, en fonction de telles prémisses, que le suicide puisse être un mal plus spécifiquement français, alors que la crise économique est, pour le moins, européenne ?

Qu'à cela ne tienne, si l'on en croit Louis Chauvel[1], l'évolution actuelle du suicide dépend de la « redistribution du statut social ».

Un autre auteur, Philippe Besnard, dans la même revue, en arrive à la conclusion que la dérégulation des mariages à partir de 1974 a si fortement affecté les hommes jeunes que « le parallélisme entre la baisse du mariage et la hausse du suicide des hommes mariés de 30 à 39 ans est saisissant. ».

Y aurait-il une controverse entre ces deux sociologues de même affiliation ?

P. Besnard avance prudemment que « d'autres raisons invitent à mettre en doute l'idée que toutes les évolutions parallèles se ramènent à la conjoncture économique ». Ah, bon ! Si même un sociologue se permet de le penser...

Que retenir alors des statistiques ?

A partir des dénombrements de ces vingt dernières années, on va relever d'abord les propositions résultant directement des régularités numériques :
- la croissance du suicide est un phénomène plus spécifiquement français dans l'aire géo-économique européenne ;
- l'augmentation touche plus particulièrement les hommes d'âge mûr (autour de 40 ans) et les jeunes ;

[1] *Revue Fr. de Sociologie*, oct/déc 97.

- la maturité suicidaire survient plus tôt ; on assiste donc à une précocité suicidaire (comme à une précocité délinquante).

Mais à ces données statistiques il suffit d'appliquer un raisonnement logique simple, un syllogisme par exemple, pour faire apparaître des conclusions différentes :
- si le taux de suicide croît en France plus que partout ailleurs ;
- si la crise économique est générale (mondiale et européenne) ;
- alors la crise économique n'est pas un facteur déterminant dans la croissance du taux français.

Par contre, puisque l'augmentation touche plus spécifiquement une tranche d'âge entre 20 et 40 ans ; et si l'on admet que le suicide n'est pas un fait d'étiologie strictement sociale et accidentelle mais un phénomène relevant d'une organisation psycho-sociétale, alors, il faut faire remonter la recherche des facteurs du « suicide français » des hommes de quarante ans, dès leur naissance, c'est-à-dire à l'origine de leur construction psychique individuelle. Il faudra se demander pourquoi il y aurait un retentissement touchant chaque français, mais plus spécifiquement les suicidaires, dans une interaction masse/individu qui depuis une quarantaine d'années travaillerait insidieusement notre imaginaire collectif.

Impossible, dès lors, de se limiter à des facteurs actuels. S'il s'avère que l'actualité économique est suicidogène encore faut-il établir un rapport entre les événements actuels et quelque « source suicidogène » dans les années soixante ; par conséquent avant la crise économique.

En outre, si la précocité suicidaire est un facteur récent, et à condition d'admettre l'évidence que l'impact du chômage intervient peu dans la problématique individuelle des jeunes de moins de 18 ans, alors il faut chercher ailleurs que dans le chômage les raisons de cette précocité nouvelle.

L'argumentation sociologique s'appuie, en fait, sur l'un des grands concepts durkheimiens : l'anomie sociale. En raison de l'incertitude sur l'accès à l'emploi il devient de plus en plus difficile de se projeter dans l'avenir : « Pour le chômeur, comme pour tous, la projection de soi dans l'avenir s'avère plus difficile, notamment parce que la dynamique de notre avenir n'est pas aussi lisible que celle d'hier, autrement dit elle est incertaine (...) l'acteur - économique comme social - est dans l'incapacité de construire une stratégie. Cette perte de repères projectifs est une confrontation à la « complexité » et au vide d'avenir... »

La crise économique brouille les repères sur l'avenir donc elle déstabilise, donc on se suicide plus. Mais, si une telle logique linéaire s'appliquait, comment rendre compte du fait statistique que dans tous les pays en guerre le taux de suicide diminue spectaculairement ? La guerre ne brouille-t-elle pas les repères de l'avenir ?

Retenons cependant, de cette argumentation sociologique, que la difficulté de se projeter dans l'avenir pourrait être une cause du suicide ; nous en avons trouvé l'équivalent psychologique dans la clinique des suicidants ; avec toutefois la nuance, non négligeable, que l'avenir chez le suicidant ne prend pas la forme d'une fiction historique ; c'est un « à venir » qui se met en dérive topique, où l'on constate plus l'impossibilité de s'inscrire dans le déroulement temporel que le manque de visibilité du destin futur.

Quant à réduire de telles distorsions aux lignes d'incidence du seul champ collectif, c'est faire peu de cas de l'aptitude individuelle à projeter et se projeter qui sont des fonctions éminemment subjectives, indépendantes de la réalité contextuelle sur laquelle elles ne font que s'étayer ou se désétayer en raison d'une économie psychique complexe sur laquelle nous reviendrons.

Il n'est pas question de soutenir que les variables sociales sont sans effet, mais leur effet est à considérer d'une autre façon que dans la perspective d'une emprise radicale du collectif sur l'individuel.

Nous poserons l'hypothèse que les suicidaires présentent une plus grande disposition que d'autres à trouver dans l'ambiance culturelle une correspondance dynamique entre l'anomie externe et leur « anomie » interne. De faille à faille, de perte d'ordre en perte de limite, il se produit, chez certains, une intrication plus étroite, une mise en résonance plus forte, entre la crise collective et la crise individuelle.

Qui sont ces individus plus sensibles aux influences collectives ? Pas les chômeurs en tout cas, car les statistiques n'indiquent pas une croissance spécifique du suicide chez les chômeurs.

DES STATISTIQUES A LA CLINIQUE

En contrepoint des arguments sociologiques il reste à développer des arguments plus directement basés sur la clinique du suicide, tirés d'un face à face avec des suicidants, préparant ou ayant raté un passage à l'acte.

Pour nous, cliniciens du suicide, il n'est pas recevable d'instituer le social au titre d'une causalité interne sans passer par le filtre de l'individu. Soutenir que la crise économique est en amont de la tendance suicidaire équivaut à postuler un inconscient collectif faisant fonction d'instance supra-individuelle. Or, il suffit d'entreprendre une thérapie de suicidaire pour se rendre compte rapidement qu'il n'est pas d'acte plus singulier que l'acte suicide. A l'exception peut-être des suicides de groupe, l'acte suicide répond aux lois de l'inconscient personnel, à « l'Ics » selon Freud, même si les réalités externes, relationnelles, et les valeurs imaginaires collectives jouent ici un rôle plus prégnant que dans des pathologies classiquement névrotiques.

Par conséquent, pour comprendre l'évolution actuelle du phénomène suicidaire, nous admettrons évidemment les données statistiques, mais seulement en tant que signes, symptômes d'une intrication individu/collectif, et nous tiendrons l'hypothèse du développement d'une structure psychique particulière dont l'ancrage dans la réalité externe produit une aptitude au passage à l'acte autodestructeur.

Dans l'épistémologie freudienne la conjugaison du collectif et de l'individuel passe par une instance spécifique : l'Idéal du Moi.

Pour s'en tenir au classicisme théorique on abordera donc, par ce concept de l'Idéal du Moi, la problématique suicidaire avec cette question : quel rôle a joué et joue encore l'identification Idéale chez les Français, pour justifier une emprise suicidogène du collectif sur l'individuel, en France, dans les trente dernières années ?

Nous savons que les sociologues durkheimiens contestent au suicide sa composante psychopathologique sous le prétexte d'une contradiction entre, d'une part, la stabilité statistique des maladies mentales et, d'autre part, la variabilité des chiffres du suicide.

Or, en fait, l'ensemble des suicides est un ensemble très hétérogène et il n'y a rien d'incompatible dans la co-incidence entre une faible quantité stable de suicides de malades mentaux avérés et une quantité bien plus importante d'agirs suicidaires réactionnels (i.e., déclenchés par un événement aléatoire sur une structure présentant un potentiel suicidaire latent). La forme réactionnelle suffit à conférer aux chiffres du suicide leur variabilité, tandis que la forme stable limite cette variabilité. De sorte qu'on ne constate jamais de grands écarts statistiques dans ce domaine.

Les observations dont nous disposerons concernent la forme réactionnelle du suicide. C'est donc la forme variable qui constitue notre objet d'étude à l'exclusion des autres formes ; c'est-à-dire le suicide des malades mentaux avérés.

Afin de fixer un axe théorique différenciateur par rapport aux structures psychopathologiques indurées nous avons retenu, comme discriminant, la relation d'objet.

Les névroses classiques mais aussi la mélancolie ou la paranoïa ont essentiellement affaire au meurtre de l'objet : objet interne, objet interne/externe, objet externalisé.

Le malade mental suicidant est un tueur d'objet. Le suicidant réactionnel, quant à lui, est un tueur d'image.

Le meurtre de soi-même prend ici toute sa valeur sémantique car c'est une image identificatoire qui est visée par l'élimination souhaitée par le suicidant. Une image de lui-même consciente ou préconsciente, une image tout à fait incompatible avec l'ensemble des stratifications identificatoires, dans la mesure où elle met, à ce moment là, moment de crise, la subjectivité en impasse. Il s'agit bel et bien du rejet radical d'une allégeance à la valeur totémique d'une imago dominante.

Au moment du passage à l'acte, le suicidant réactionnel est donc un sujet en impasse. L'alternative suicidaire vient déverrouiller le vécu d'obstruction en supprimant, non pas la vie, mais une image de soi qui interdit la vie. Pour comprendre ce paradoxe il faut refaire un petit parcours théorique à propos de la notion freudienne d'Idéal du Moi.

ROLE DE L'IDEAL DU MOI DANS LE SUICIDE

Freud a donc écrit l'essai *Psychologie collective et analyse du Moi* pour rendre compte des effets de l'influence collective sur l'individu. Il prend soin de se démarquer des auteurs qui l'ont précédé en soulignant régulièrement que ce qui manque à leur théorie c'est la notion du Meneur, du Chef charismatique. En simplifiant : tout phénomène d'influence, dans une foule ou dans une collectivité très organisée (foule artificielle) peut se réduire à la répétition d'une première expérience, celle du jeune enfant face à un parent tout-puissant à partir de quoi se constitue une réplique interne de cette relation quasiment fascinante : c'est l'Idéal du Moi.

Ultérieurement, l'Idéal du Moi servira de matrice à d'autres relations du même ordre et, de plus, conservera une fonction parentale interne d'auto-jugement de valeur sur les comportements de l'individu.

Ainsi, Freud procède à une translation, dans le sens de l'externe vers l'interne, pour les phénomènes d'influence et les relations collectives. Il ré-individualise le social, pour autant que l'individu y participe personnellement.

Dans son principe, l'Idéal du Moi est une instance régulatrice qui joue au niveau des identifications. L'Idéal joue également un rôle dans le rapport du désir à la réalité, tant par l'amplification de la valeur de l'objet de désir, que par les retombées sur le moi-même de ces idéalisations. C'est donc une instance mitoyenne, avec un versant sur le narcissisme et un versant sur le principe de réalité.

On peut ajouter, comme le fait J. Chasseguet-Smirgel (La maladie d'idéalité) que, par la conjugaison de ces deux fonctions, l'Idéal du Moi soumet le Moi lui-même à l'épreuve de réalité, il le vérifie : « La manière dont nous sommes vus, perçus par les autres, constitue l'équivalent de la projection, dans le monde extérieur, de notre moi psychique et représente donc une possibilité essentielle de le soumettre à l'épreuve de réalité. ».

L'IDEAL ET LE LEGITIME

L'épreuve de réalité du Moi passe donc par le donner à voir et prend le risque de la honte. Le sentiment de honte est un indice de conflit entre le Moi et son Idéal, et c'est un sentiment dominant la problématique narcissique ; alors qu'une tension entre Moi et Surmoi se traduira par un sentiment de culpabilité dans une problématique œdipienne.

On constate chez la plupart des suicidants réactionnels à quel point la honte avait envahi le vécu du temps précédant leur passage à l'acte.

En outre, dans leur rapport à leur réalité contextuelle, leur imaginaire bute sur un fantasme d'impuissance qui enraye tout espoir d'avoir prise sur cette réalité, d'où un effondrement intérieur sans commune mesure avec les motifs déclencheurs de l'acte suicide.

On voit donc que leur Moi psychique subit de la part de l'Idéal du Moi une attaque telle qu'il en résulte une catastrophe narcissique. L'exercice de projection du Moi dans la réalité en vue de sa restauration devient complètement inefficace.

On peut considérer que de nombreux passages à l'acte suicidaires procèdent d'une nécessité de se donner à voir dans une autre image que l'image honteuse du vécu pré-suicidaire et dans la dynamique de confirmer le Moi en le soumettant à une épreuve de réalité ultime. Ce n'est pas là le mode imaginaire de l'hystérique mais la recherche d'une accréditation, d'une référenciation aux forces légitimantes qui œuvrent dans la réalité.

En effet, il faut comprendre qu'un suicidant, en crise, est radicalement illégitime, invalidé, au regard de son Idéal du

Moi. Il n'a d'autre recours pour se re-légitimer que de faire appel à des puissances extérieures, ordaliques, dont la puissance se dressera contre celle de son Juge interne.

LES DEREGULATIONS DE L'IDEAL

Pour qu'une telle configuration se produise il faut que le jugement idéal soit devenu féroce. On voit que l'Idéal du Moi peut tout aussi bien être une instance régulatrice qu'une instance dérégulatrice.

Freud signale quatre cas de figure où la régulation s'inverse : - les accès maniaques - les phénomènes de foule - l'influence des collectivités très fortement institutionnalisées - l'état amoureux (et l'hypnose).

Dans chacun de ces cas de figure, la contrainte régulatrice, ordinairement imposée par l'Idéal du Moi, s'effondre, car, profitant du support de projection incarné par un être providentiel, le Moi individuel va se laisser régressivement capturer par sa toute première image idéale : il coïncide avec son Moi-idéal originaire, une sorte de démiurge sans limites. Une telle régression se manifeste par des signes et des symptômes : la jubilation maniaque, la participation sans réserve aux mouvements de foule, l'identification mimétique inconditionnelle au chef charismatique et l'emportement amoureux sans limites.

Le cas du suicidant ne correspond à aucune de ces manifestations. On constate bien une dérégulation au niveau de l'Idéal du Moi mais loin d'aboutir à la jubilation maniaque, amoureuse ou mystique, il se révèle un effondrement, un désastre de l'imaginaire comme si l'image du Moi-idéal régressif dévoilait, en même temps que la toute-puissance idéale, une trace d'expérience de totale impuissance ; c'est-à-dire comme si la régression aboutissait à une scène traumatique initiale, y compris l'accolement paradoxal des positions agresseur/agressé d'identification à l'agresseur.

LES TRACES DE L'AGRESSEUR ORIGINAIRE

Dans les cas de figure signalés par Freud, il se trouve un point de coïncidence entre la fonction imaginaire du Moi-idéal qui permet les projections et les reconnaissances idéales, et la fonction référentielle de l'Idéal du Moi qui permet au Sujet de se repérer à partir du regard de l'autre. Lors d'une crise suicidaire, le Moi est capturé par une image sidérante et terrorisante, au-delà de ses capacités d'expulsion du négatif ; s'y reconnaître c'est y voir son propre anéantissement. La coïncidence entre l'image idéale et le point de référence où se formule cette image produit un désastre.

La névrose traumatique originaire se dévoile dans les répétitions d'occurrences désastreuses. Le Moi s'est inscrit à l'origine en référence au trait idéal qui supporte l'image composite paradoxale de l'identification à l'agresseur et toute régression traumatique y retrouve sa source.

Ainsi, les cas de suicide permettent de concevoir l'existence d'un lien entre l'idéalité et la figure de l'agresseur intime, lien où le Moi peut se laisser capturer totalement jusqu'à mettre en acte une scène sacrificielle.

N'y aurait-il pas alors une analogie entre la formule du suicide réactionnel et la formule du suicide mélancolique ?

Dans la mélancolie, le Moi se laisse capturer par l'ombre de l'objet. En fait, il se soumet à la haine qu'il a lui-même projetée et qui lui fait retour.

Dans le cas du suicidaire, nous savons qu'à l'origine, la scène initiale du trauma excède, par définition, les capacités projectives de l'enfant. Si elle ne les excédait pas elle ne serait pas traumatique. Ainsi, c'est un défaut de projection qui organise l'économie du sujet suicidaire. La haine destructrice n'étant pas attribuable à l'autre va, d'une certaine façon, rester en suspens, sous les emblèmes de la réalité ; par conséquent, il ne peut y avoir ni retour de projet, ni retour de refoulé (réprimé), mais répétition, rencontre et coïncidence, au niveau du contexte réel ; c'est l'économie traumatique qui, régulièrement, prend prétexte d'une correspondance événementielle pour rejouer une adaptation de la scène initiale dans le nouage du réel inconscient et de la réalité consciente.

Chaque répétition tend à faire surgir un signifiant comme métaphore primitive, dans sa forme originaire, c'est-à-dire in situ, car à l'origine, tout signifiant est contextuel : la syntaxe surgit d'une scène qui requiert impérativement, pour s'inscrire, l'attribution d'une signification basique telle que moi ou non-moi, dedans/ailleurs.

On reconnaîtra la syntaxe originaire à cela que le signifiant ne s'est pas dégagé d'un réel topologique. Une perception s'y accroche toujours, une fonction corporelle y reste étroitement impliquée, désignant, dans la réalité contextuelle, l'élément qui a permis, par sa présence, que la discrimination de base persiste, malgré le paroxysme émotionnel du vécu traumatique.

Il ne faut pas perdre de vue que l'individualité, dans ces temps d'origine, n'est encore qu'un ensemble absorbeur de sensations qu'on qualifie de « dedans » avec un regard capteur de formes qu'on qualifie de « dehors » et, cet ensemble premier, cette première individualité, ne fonctionne que pour vivre et reconnaître.

Lors du passage à l'acte suicidaire, le Moi est capturé par une terreur originaire, sidérante. On pourrait dire qu'il retrouve sa place dans la scène traumatique. D'une certaine façon, le trauma a installé la terreur comme une composante de l'identité du sujet, c'est-à-dire qu'il a rendu cette relation qualifiante pour le Moi.

Dans ce cas, ce n'est pas l'identification à une icône, à une figure totémique, qui va stratifier cette zone de l'identité, mais c'est toute une relation de combat interne entre deux icônes incompatibles ou entre deux idoles de l'histoire du sujet qui tendent à s'exclure l'une l'autre. Elles forment ainsi une sorte de chimère monstrueuse qui constitue la formule ubiquitaire de l'identification à l'agresseur. Or, il s'agit d'un affrontement mortel - c'est en tout cas le sens que cette relation a pris pour le petit enfant - un affrontement dont le sujet ne peut s'échapper qu'en prenant la place du mort pour survivre dans le regard de l'agresseur.

Par la suite, dès qu'une situation conflictuelle atteint le seuil de tolérance personnelle de la peur et de l'angoisse, l'identification se réactive dans son schéma initial.

Combien d'enfants n'a-t-on pas vu préférer se défaire d'eux-mêmes plutôt que d'assister aux batailles de leurs parents ? Ils s'effacent en s'endormant, en créant un vide de pensée ou de sentir, parfois ils vont jusqu'à se cliver en une partie mortifiée, insensibilisée pour qu'une autre partie vive. Les sujets suicidaires ont ainsi affronté certaines situations fortement investies qui les renvoient à des scènes où ils ont choisi, pour se défendre de l'insupportable, d'anéantir une zone de sensibilité.

L'affect ne se perd pas, il se déplace. Dans les moments traumatiques le déplacement s'effectue sur un élément de la scène : l'affect éradiqué dans le psychisme se retrouve en surinvestissement de la réalité. Ce n'est plus du refoulé, proprement dit, ni du forclos, c'est de la perception hyperréaliste pour se substituer à une scène insensée.

Dès lors, la trace du Réel vécu n'a jamais joué sa représentation mais elle se présente répétitivement, comme à l'origine, par la surcharge affective de l'icône du trauma. C'est donc là un percept à fort potentiel symboligène. Il s'y conjoint le symbole même d'un moment d'annulation brutale du Sujet dans la fonction symbolique et son retour « sur soi » réparateur. On en retrouve la dynamique répétitive dans toute névrose traumatique.

Au niveau de l'Idéal du Moi, les traits identificatoires qui servaient de régulateurs du principe de réalité vont se trouver balayés par un autre principe de réalité, celui de la réalité traumatique, une réalité extrême, au bord du non-sens, s'accrochant à des signes, à des icônes, comme autant de lambeaux de la chaîne signifiante en déroute. On connaît bien la minutie du détail prosaïque qui reviendra dans les cauchemars répétitifs des accidentés : un regard, un geste, une couleur, un bruit isolé du vacarme, en somme, un fil de réalité quand la raison bascule dans l'insoutenable. Ces détails de la scène traumatique sont promus en qualité d'emblèmes de la réalité et c'est toujours vers eux que le sujet vient se réassurer par la répétition des cauchemars. L'épiphanie d'un signe concret dans un vécu d'effondrement massif mérite, au prix d'une commémoration du trauma, la répétition du moment où le sujet s'est accroché à ce signe pour stopper son glissement vers le néant.

Dans cette crise de l'Idéal du Moi, c'est tout le repérage des catégories dedans/dehors qui se trouve déstabilisé par la perte de la régulation ordinaire du principe de réalité. Le repérage interne/externe est fondé sur le vécu personnel ; toute scène traumatique, par son intrusion massive, modifie notablement ces catégories.

La crise de l'Idéal du Moi joue donc un rôle essentiel dans la crise suicidaire. On le constate dans la perte d'éléments régulateurs ordinaires comme les images modèles mais aussi dans l'inefficacité de la limite de discrimination dedans/dehors qui règle les projections et les introjections. Le vécu d'impasse s'amplifie à la mesure de cette double atteinte tant au plan dynamique qu'au plan économique. Les suicidants nous décrivent un vécu de temps immobile et, en effet, sans modèles : il n'y a plus de projet, plus d'à venir.

Nous rejoindrons sur ce point le constat du sociologue Louis Chauvel : « la projection de soi dans l'avenir s'avère plus difficile », elle s'avère même impossible, non pas parce que le chômeur est dans l'incertitude du lendemain mais parce que le sujet a mis en stase sa capacité à produire des modèles.

L'OFFRE THERAPEUTIQUE

De ce fait, nous pouvons déjà pressentir que l'efficacité thérapeutique dépendra de l'aptitude du thérapeute à redynamiser la fonction de l'Idéal du Moi chez son patient. Il lui faudra donc trouver un modèle collectif qui recoupe de façon adéquate la problématique de chaque suicidant. (On rejoint là la formule thérapeutique des modèles mythologiques dans les pratiques africaines).

On comprend également que toute offre de modèles idéaux trouve chez les suicidants une résonance dynamique profonde et ouvre à l'influence d'organisations sectaires ou idéologiques sur le terrain en souffrance de l'Idéal du Moi. A défaut de se reconstruire individuellement, la voie est libre pour des prothèses d'idéal qui ne respecteront pas la dynamique individuelle.

D'une certaine façon, le thérapeute qui prend en charge des suicidaires est régulièrement confronté à ce problème d'influence ; son éthique professionnelle lui impose la neutralité, or la situation de crise suicidaire requiert une violence intrusive pour s'affronter à la puissance mortifère de l'agresseur intime.

Tout « Psy », quelle que soit sa formation, s'il se trouve au réveil d'un suicidant, est placé devant l'alternative, soit de participer activement à un processus de mythopoïèse, soit d'assister de trop loin au retour des positions pathogènes. Dans la crise d'idéalité, il est nécessaire de produire un mythe avec le suicidant pour qu'ensuite celui-ci puisse se dégager de l'emprise mortifère de l'inconscient.

La clinique du suicide fait apparaître que le passage à l'acte, au-delà de ses effets destructeurs, est un appel vital à la fonction garante du tiers. L'ordre du monde doit se manifester pour garantir la cohérence interne, c'est-à-dire un rapport de partage du même code signifiant. Or, le suicidant se retrouve dans un tel état de perte des repères signifiants, qu'il lui faut une application immédiate de ce partage du code ; c'est en ce sens que le thérapeute se trouvera dans la nécessité de participer à des processus imaginaires afin que son patient puisse reconfirmer sa cohérence interne.

Lorsque la réalité traumatique semble s'absorber dans l'impossible du réel, il faut bien que l'ordre collectif puisse encadrer même l'inimaginable.

Ainsi, la loi est convoquée dans l'acte du suicidant, non pas sur le versant de sa fonction interdictrice mais, sur le modèle de l'ordalie, pour faire apparaître une vérité au milieu du chaos. C'est la fonction limitante de la norme qui vient étayer la fonction-limite défaillante au niveau individuel.

Comment la problématique du chômage peut-elle s'articuler avec la crise individuelle analysée sous l'angle de l'Idéal du Moi ?

Au niveau dynamique : plus les valeurs d'instabilité (rapidité, changement, etc.) envahissent l'imaginaire collectif, plus un tel imaginaire est susceptible d'entrer en résonance avec l'instabilité individuelle qui, auparavant, se trouvait tempérée par une plus grande stabilité ambiante.

De même, les névroses infantiles sont plus nombreuses, avec leur cortège de symptômes comme l'insomnie, les troubles alimentaires, les maladies psychosomatiques... On ne peut voir que deux causes à cette multiplication symptomatique : soit les enfants sont plus exposés à des situations traumatiques, soit l'environnement familial ne sait plus calmer les effets des situations traumatiques infantiles.

Ainsi, l'on constate que le nombre d'individus présentant une insuffisance d'organisation défensive est en constante augmentation. Les suicidaires sont pour la plupart des Sujets-limite, c'est-à-dire des individus définis par une structure de crise larvée permanente (névrose traumatique originaire) qui met en œuvre un système de défense où la répétition est fréquemment requise pour confirmer la liaison du réel en une réalité supportable.

Alors que les suicidants, en pleine crise, auraient besoin d'un renforcement externe de leurs défenses internes en faillite, ils ne le trouveront ni dans leur environnement immédiat, ni dans un environnement d'appel. En effet, de même que l'on peut constater une défaillance parentale à étayer leur système de pare-excitation (système qui permet aux enfants de se calmer), de même, on constate actuellement que l'environnement culturel et social présente une défaillance analogue à un niveau collectif.

On peut même penser que, compte tenu de leur perméabilité à l'influence dans ces moments critiques, les suicidaires amplifieront leur vécu de perte des repères internes, par contre-étayage, sur l'indétermination collective des repères référentiels. Dans cette hypothèse, l'environnement social vient offrir un miroir grossissant à l'instabilité interne.

C'est en ce sens seulement que nous pourrons admettre l'influence déstabilisante du chômage sur les faits suicidaires ; mais, de même que lors d'un traumatisme, l'événement, aussi atroce soit-il, produit un choc ou un stress mais ne suffit pas a créer le trauma, au sens d'une névrose traumatique, car c'est toujours la réponse du sujet à ce choc qui est déterminante pour organiser un trauma, de même, l'acte suicide demeure, fondamentalement, l'acte d'une réaction au singulier.

Comment traduire alors, en globalité, cette recrudescence française, à un niveau symbolique qui serait, par conséquent, une symbolisation de masse ?

Si la recrudescence du suicide touche plus particulièrement la France de ces vingt ou trente dernières années, il faut s'interroger sur la possibilité d'une construction imaginaire typiquement française qui œuvrerait, par des phénomènes d'influence, dans l'Idéal du Moi de chacun, tout en étant partagée par tous et, pour en rester à la formule freudienne de la foule artificielle (comme l'église ou l'armée), il nous faut débusquer dans une telle formation inconsciente de masse, la figure d'un homme providentiel qui aurait agi en catalyseur d'idéalité au niveau de tout un pays.

Sans remonter jusqu'à la mort du roi de France comme le propose Tony Anatrella, nous pouvons émettre l'hypothèse d'un fantasme de meurtre collectif du Père qui travaillerait la

France entière et fragiliserait les formations collectives et individuelles de l'idéal en produisant un symptôme national repérable depuis deux décennies.

L'évolution des statistiques du suicide donnerait l'indice que ce « meurtre » d'un homme providentiel s'est produit dans les trente dernières années. En tant que symptôme, les Français dévoileraient ainsi la dynamique pathologique d'un deuil mal assumé.

Mais ce n'est là bien sûr qu'une proposition imaginaire pour un terrain collectif qui n'est pas le champ d'expérience d'un clinicien.

VIII - LE TRAUMA, LA PEUR ET L'AGRESSEUR

A l'évidence, rien de ce qui concerne le moment du passage à l'acte ne saurait nous être communiqué par des suicidés. C'est pourquoi tous ceux qui s'en tiennent à la qualification du phénomène par des bases comptables du nombre des morts en sont réduits à des acrobaties statistiques et des constructions abstraites.

Ce que nous pouvons savoir du moment suicidaire, au plan clinique, nous le tenons des rescapés. Nous le tenons donc des tentatives de suicide et nous savons que non seulement elles ne sont pas prises en compte par les statisticiens mais que leur volume est loin d'être négligeable puisqu'elles décuplent (si ce n'est plus) la base numérique du phénomène.

Partant du principe qu'un agir suicidaire est un acte essentiellement singulier parce qu'il vient signifier ce qu'il en est de la position du sujet dans son histoire relationnelle, nous ne pourrons construire des tendances générales qu'à partir des paroles singulières, par recoupements statistiques de thèmes, de processus et de schémas familiaux tels qu'ils sont vécus et reconstruits par les suicidants et non pas tels que la biographie objective les présente.

L'objectivité dans le domaine clinique est une objectivité de deuxième main, c'est tout au plus une mise en forme logique idéalement dégagée de toute distorsion projective. Or, l'archéologie familiale n'est qu'un réseau de faits tissés de mémoire et de fantasme et, comme nous n'avons pas d'outils pour dater et certifier réellement les faits de mémoire, on retient leur probabilité à l'aune des logiques consciente et inconsciente, avec pour supports les paroles dites, les retours de refoulés que l'inconscient veut bien manifester, les symptômes et le repérage des répétitions.

Ceci étant dit, à partir de chaque cas singulier, nous essayons cependant d'établir une logique structurale en deçà du phénomène, c'est-à-dire une perspective d'ensemble avec une configuration systémique d'éléments premiers relevant de lois de fonctionnement ordonnées. Après confrontation d'un très grand nombre de cas de suicidants, il nous a semblé assez clair que la logique du passage à l'acte suicidaire est indissociable de la logique d'une organisation traumatique constituante du Sujet.

C'est d'emblée un paradoxe, puisqu'un événement tel qu'un passage à l'acte se retrouve à la fois constitué par son contexte actuel, tout en étant déterminé par des lignes de force structurales. Mais le régime du trauma produit spécifiquement du paradoxe : il introduit dans la psyché humaine des distorsions temporelles, comme si le temps synchrone de l'inconscient venait perturber la diachronie consciente, non pas seulement par des percées ponctuelles, mais par un recouvrement étendu qui met en résonance étroite des époques révolues avec le temps présent.

Une telle organisation temporelle en strates correspond à l'organisation en strates du vécu des différentes scènes traumatiques qui ont provoqué, par définition, une série de cataclysmes économiques et dynamiques dont l'effet régulier est le débordement des limites.

LE TRAUMA

Pour tout humain, l'élément fondateur de l'appareil psychique est un trauma banal qui aboutit à la première défense mentale réussie sans distorsion irréversible du psychisme ; c'est le refoulement originaire qui, certes, est une distorsion irréversible par rapport au régime antérieur d'auto-érotisme fusionnel, mais une distorsion considérée comme normale puisqu'elle fait entrer le psychisme humain dans le sens de la réalité. Le trauma banal c'est ce qui nous pousse à penser.

Pour ce qui est du terrain suicidaire nous postulons que, dès ce premier trauma, le banal s'est transformé en excessif.

La réalité qui instaure son champ, l'instaure dans une effraction étendue des possibilités défensives du pare-excitation. On ne sait pas ce qui cause l'excès inintégrable du trauma originaire mais l'on constate les effets d'une première défense chahutée par ce débordement initial, de sorte que les symptômes d'une névrose traumatique sont concomitants de la structuration de l'individu dès l'origine. Or, la caractéristique majeure du traumatisme est de renforcer les effets de la compulsion de répétition et par conséquent d'engendrer un système de défense par la répétition en acte ou en affect et fantasmes qui révèle le travail de liaison par une emprise défensive sur la sourde et muette puissance de la pulsion de mort. Un tel système est d'autant plus prégnant que le trauma s'organise en névrose traumatique.

Nous développerons dans un autre chapitre l'économie et la dynamique de la névrose traumatique originaire à partir d'un cas clinique, mais pour le moment, il suffit de prendre en compte les éléments qualitatifs majeurs du trauma : la peur, comme affect omniprésent, et l'identification à l'agresseur, comme formule de défense narcissique du sujet en traumatisme.

LA PEUR

On ne prévoit pas ce qui fait peur à un enfant. Certes, il y a toujours un événement pour provoquer la peur, mais ce que l'on constate, à des années de cet événement, c'est qu'il est à peine remarquable ; on s'en souvient, sans que cela soit pour autant une tragédie. Par contre, ce qui est remarquable, c'est le traitement sémantique de cet événement par les adultes entourant l'enfant. Pour des raisons qui sont parfois de déni ou de simple refoulement, parfois d'inattention, il se trouve que les paroles qui ont accompagné l'événement traumatique ont produit un non-sens, une absurdité sémantique, un barbarisme inintégrable.

Soulignons qu'il ne s'agit plus ici du traumatisme originaire puisque nous sommes entrés dans le langage, mais d'un deuxième trauma, infantile et déjà historique.

L'équation du traumatisme, dans les cas ordinaires où il n'organise pas une névrose traumatique, peut se résumer à une triade : événement/émotion/signification qui reporte sur le fait anecdotique l'excès émotionnel que les adultes n'ont pas réussi à rendre cohérent.

Le cas de figure du suicidaire s'organise déjà sur deux plans :
- le trauma originaire qui n'en est pas resté à un niveau économique banal et par conséquent surinvestit déjà le champ de la réalité comme champ de l'agresseur ;
- la survenue d'un deuxième événement qui, au cours de la petite enfance, n'a pas trouvé place dans une cohérence de la chaîne des significations.

Lorsque le trauma banal n'a pas été suffisamment résorbé, il nous en revient quelque chose en analyse, c'est-à-dire un amalgame de vécu affectif de cataclysme avec des bribes oraculaires de tel ou tel parent qui s'y sont agglutinées, formant un « grumeau » sémantique et traversant le temps, inaltérées, alors que l'individu devenu adulte a les moyens linguistiques de dissiper son mal-entendu. Pourquoi, alors, a-t-il besoin d'un thérapeute pour défaire cette agglutination sémantique ?

C'est qu'il faut reconstituer la triade d'origine : il faut que coïncident, avec la disponibilité du sens, un niveau émotif et un événement entrant en résonance analogique avec l'inscription traumatique première. La fonction de l'interprétation prend ici toute son extension freudienne, il ne suffit pas de dévoiler la signification, c'est la reconstitution du rapport entre cette signification et son impact émotif qui lui confère l'efficacité thérapeutique ; à cela il faut, pour le traitement des effets de trauma, suivant le constat clinique de Ferenczi, une incidence du réel ; nous ajouterons qu'une actualisation de l'Idéal est aussi nécessaire sous la forme du Sujet-Supposé-Savoir que campe l'analyste.

C'est pourquoi nous sommes tributaires de ces moments où c'est le vécu anecdotique de l'actualité qui créera le lien analogique avec la situation initiale, puisque, bien évidemment, la déontologie exclut qu'on le provoque dans des passages à l'acte pseudo-thérapeutiques.

On est surpris de ce qui peut inscrire la peur, de cette façon traumatique, chez un enfant. Telle se souviens d'une phrase énigmatique de sa grand-mère « tu as failli mourir », tel autre confondant « Gaz » et « Gaze » crut qu'on voulait le brûler par mesure de rétorsion, alors qu'on voulait soigner les dégâts d'une chute. Telle entend une dispute violente entre les deux êtres qu'elle aime le plus au monde et en même temps l'accusation insensée : « tu as cassé mon poupon ».

La caractéristique commune à ces scènes banales et pourtant traumatiques, c'est la netteté de leur remémoration, tout à fait comme un souvenir écran, sauf qu'elles ne font pas écran à une autre scène mais à une frayeur intense qui se dissimule sous la banalité de l'anecdote, car chacune de ces situations avait été précédée d'un choc émotif intense : chute avec blessure, cris, affolement des adultes... Ces petits grumeaux sont des masses de terreur sous haute tension, isolées par des contre-investissements insensibilisants et recouverts d'une perception intense d'un élément mineur de la situation, de sorte qu'il est d'autant plus difficile de les désagréger ultérieurement.

Si une névrose traumatique peut s'organiser autour de prémisses aussi peu remarquables, comment repérer l'origine de la névrose ?

On ne connaîtra la force d'une effraction qu'a posteriori, si des symptômes s'installent : terreurs nocturnes, réactivité excessive, répétitions, traumatophilie, enfin tous les indices qui signifient une brèche ouverte, étendue et constante, du pare-excitation.

L'AGRESSEUR

L'agresseur ce n'est pas seulement celui qui perpètre un attentat sexuel sur un enfant. Depuis Ferenczi, nous savons que le fantasme de l'adulte le conduit à introduire des distorsions dans la traduction de l'offre sémantique de l'enfant et que sa traduction fait loi. Dès lors, c'est l'enfant lui-même qui se met en énigme par auto-plastie défensive. L'agresseur, dans l'originaire, ce n'est pas encore une personne mais toute la catégorie de la réalité personnifiée, en tant qu'elle s'adresse à l'enfant sous la forme d'un ensemble de perceptions encore indifférenciées de la personne-mère. Mais, quel que soit l'agresseur, l'identification à l'agresseur est une formule défensive qui oblige le sujet à s'attaquer pour se défendre.

Postuler l'incidence des effractions traumatiques du pare-excitation, dans le terrain suicidaire, conduit à s'interroger sur l'augmentation actuelle de ces effractions.

Nous avons déjà dit que la diminution de la distance affective entre adultes et enfants risquait d'accentuer la « confusion des langues » (Ferenczi) ; il s'agit là du décalage entre le niveau fantasmatique des uns et des autres, mais si nous ajoutons que la langue parlée dans une telle configuration ne tient pas compte du niveau linguistique de l'enfant que l'on suppose tout comprendre et qui reçoit donc des messages chargés d'un potentiel émotif, imaginaire et linguistique largement supérieur à ses capacités d'intégration, il y a de quoi multiplier ces nodules d'intrication traumatique.

Le plus souvent, nous constatons que sous l'idéologie bienveillante qui prône une limpidité de communication entre parents et enfants, les adultes utilisent souvent les enfants comme confidents, voire comme complices de leurs problématiques adultes, par identification projective.

Tout dire à un enfant, c'est dire tout ce qu'il peut entendre avec le vocabulaire dont il dispose au niveau de sentiments et de comportements qu'il peut lui-même avoir. Par contre, parler à un enfant « d'adulte à adulte » équivaut à lui parler d'enfant à enfant dans un rapport monstrueux qui supprime l'écart nécessaire pour négocier sa limite, sa différenciation, dans le rapport à l'autre. Plus le parent se confond avec son enfant, plus ses positions d'enfance viennent brouiller celles de l'enfant et réduisent le différentiel adulte/enfant qui permet d'ordonner les valeurs d'interdit.

La « confusion de langue » procède d'une identification projective parentale. Or, au-delà des effets nuisibles des distorsions dans le rapport entre l'énonciation et les énoncés, lorsque l'identification projective s'installe comme système relationnel, elle réduit l'espace de créativité de l'enfant. C'est tout le champ du transitionnel qui est parasité par l'emprise parentale. La possibilité de supporter deux désirs, deux hypothèses contradictoires sans qu'il en résulte des dégâts pour le rapport du sujet à son environnement est limitée par l'inflexibilité des insertions imaginaires parentales, toujours rigides parce que refoulées, dans le tissu laxiste de l'imaginaire enfantin.

Or, nous savons que d'une bonne traversée de l'espace et du temps transitionnels dépendent des capacités fondamentales pour le psychisme humain. Tout le champ du paradoxe est gouverné par l'expérience transitionnelle : la capacité d'être seul en présence d'autrui, la capacité de créer/trouver des objets de pensée, la capacité de supporter que la réalité conserve une marge d'indéfinissable, et surtout la compétence à maintenir en soi un espace potentiel de rêve, de jeu, de croyance, tout en conservant son implication dans la réalité. Le transitionnel est le régime positif du paradoxe ; le régime négatif, c'est le trauma avec ses effets de déréalisation, d'incohérence, d'inquiétante étrangeté ; avec son appauvrissement de l'imaginaire qui se défend de l'absurde et de la peur par le vide.

Il est fondamental de bien comprendre comment se structure une névrose traumatique originaire pour aider le suicidant d'une façon plus radicale que ne peuvent le faire les conseils de bon sens et le soutien de prothèses affectives qui ne tiennent que lorsqu'elles sont là. Le cas clinique de M.N (chapitre X) illustre de façon éloquente l'organisation stratifiée de la névrose traumatique tout en constituant un exemple archétypal d'histoire de vie où l'on ne relève pas de « choc » spectaculaire de l'événement. Si l'on retient que tous les deuils, tous les divorces, ne produisent pas des enfants suicidaires, il faut aussi considérer, qu'au-delà des perturbations historiques dans la famille, il existe un nouage particulier de fantasmes en interaction, qui font que les deuils provoqués par des événements réels, entraînent une névrose familiale souvent marquée par une pathologie du deuil.

A cela s'ajoute l'articulation singulière du sujet suicidaire qui prend, dans l'intrication de la névrose familiale, le poste de celui qui doit mourir.

IX - LE CERCLE DE FAMILLE

Chaque tentative de suicide est unique et il faut chaque fois rechercher par quel cheminement singulier un individu, à travers son passage à l'acte, réussit à révéler, malgré lui, la façon dont il a intégré une logique particulière qui rend nécessaire de s'auto-supprimer pour résoudre certaines situations conflictuelles. Par contre, on repérera qu'une logique similaire sous-tend, en dénominateur commun, les cas d'actes-suicide réactionnels : la seule solution évidente consiste à supprimer l'un des protagonistes.

Comment une telle logique s'est-elle façonnée dans l'histoire des relations inter-individuelles et, par conséquent, familiales ? En le découvrant, par l'anamnèse, en comprenant la mise en place originaire d'une telle construction, il devient plus facile de déjouer, dans l'actualité, l'insistance répétitive des scénarios infantiles qui réinterprètent indéfiniment les formules névrotiques passées.

Travailler avec des suicidants c'est s'exposer à rencontrer fréquemment des individus ayant traversé des zones de turbulence réelle, affective et familiale. Au niveau d'une expérience thérapeutique isolée, il m'a été possible d'évaluer à deux tiers de l'ensemble des cas, des exemples divers de cassures de la structure familiale : divorces, décès, mais aussi conflits ouverts et permanents entre conjoints ou entre générations. On trouve également d'évidentes pathologies parentales : dépressions, deuils pathologiques, alcoolisme, suicides et paranoïa caractérielle.

Les études épidémiologiques se rejoignent sur le même constat. Le volume de ces données statistiques permet d'avancer qu'une forme de dysfonctionnement familial est souvent en synergie avec le développement de la tendance suicidaire de type réactionnel.

Mais nous ne nous arrêterons pas au niveau fonctionnel que pourrait suggérer l'épidémiologie. Ce dysfonctionnement familial suicidogène, nous allons le comprendre comme symptôme partagé d'une position mal équilibrée des figures inconscientes qui règlent les rôles parentaux, c'est-à-dire : devenir et être père ou mère, faire office de paternité et de maternité, en relation avec la question du meurtre d'image ; meurtre du père mythique ou de la mère mythique, meurtre de l'enfant, de l'enfant idéal, en soi ou projeté, meurtre dans la fratrie.

Nous posons la question du meurtre conjointement à la fonction parentale en raison de l'axiome que le suicide d'un enfant révèle toujours quelque fantasme de meurtre œuvrant plus ou moins clandestinement dans son entourage. La composante sacrificielle du suicide nous incite à rechercher, au-delà de l'imaginaire individuel, sur quel autel et vers quelles idoles se porte ce sacrifice.

Il peut paraître contradictoire de soutenir simultanément l'argument selon lequel le suicide réactionnel est le symptôme d'une structure subjective particulière, le sujet-limite, défini par un nouage névrotique originaire : la névrose traumatique originaire, et l'argument selon lequel c'est l'histoire familiale qui donnerait la clé du problème suicidaire. De même qu'il peut paraître contradictoire de soutenir que l'acte suicide est un acte fondateur dans la subjectivité alors que nous le produisons également comme effet d'une structure subjective. Nous allons essayer de sortir de ce dilemme logique et pour cela il faut revenir à la question de l'origine, c'est-à-dire du refoulement originaire.

Le refoulement originaire est un moment inaugural qui, par une opération de projection, décroche le jeune humain du magma maternel pour le faire entrer dans une pensée discriminante primaire, c'est-à-dire sa propre discrimination réflexive. Dès lors qu'il se sent autre, il a créé de l'Autre. Or, le paradoxe de ce temps inaugural c'est qu'il est à la fois définitif en tant qu'inauguration d'un champ topique et pourtant toujours recommencé en tant que fonction discriminante.

Avec l'hypothèse d'une structure spécifique de sujet-limite, nous soutenons la possibilité qu'il existe un temps où la structure est encore suffisamment labile pour que son fonctionnement, surinvesti, soit en mesure de l'attaquer et de la pérenniser dans sa labilité originaire ; ou encore, en termes plus cliniques, qu'un fonctionnement soumis aux aléas pulsionnels des traumatismes archaïques réussisse à déstabiliser le surgissement du sujet, de façon rétroactive, en faisant obstacle aux opérations de validation et de confirmation du principe d'existence nécessaires à sa stabilité. Sans le soutien d'une garantie symbolique secondaire qui institue dans le discours les attributions imaginaires, la syntaxe originaire tend à rejouer indéfiniment sa problématique binaire discriminante : moi/non-moi.

Le produit d'une telle configuration n'est pas la psychose car les deux principes du fonctionnement psychique jouent leur dialectique attributive et discriminante, mais ils la jouent sur un mode largement déformé par l'incongruité des données du réel. Il en résulte un sujet incertain, un singulier précaire, assigné par sa structure à multiplier les effets de limite, c'est-à-dire à s'auto-discriminer de façon répétitive pour consolider par des preuves extérieures la cohérence de sa subjectivité.

On se demande alors : le cercle familial intervient-il dans le refoulement originaire ? La question est iconoclaste. Du strict point de vue freudien elle est même inconsistante puisque ledit refoulement repose sur une opération de division intrapsychique et que le sujet en déhiscence ne sort que de lui-même.

Pour introduire l'environnement familial dans une opération intrapsychique, il faut considérer que cette opération consiste à produire une mythologie en même temps qu'une topique. Que l'enfant repère une discontinuité binaire n'efface pas d'un coup sa tendance auto-érotique à produire un ensemble vague où tout ce qui vient à lui est lui-même. L'amalgame et le mimétisme caractérisent l'enfance bien longtemps après que le sujet psychique ait admis la dualité. La mythopoïèse de l'originaire produit le fantasme des origines et l'éternel retour.

Pierre Legendre soutient (leçons VIII) que toute construction des origines rejoint le refoulement originaire en ce sens qu'il s'y joue pour tous un inaugural mythique dont chacun participe dès que se pose la question de la causalité pour le sujet humain. « En d'autres termes, quelle que soit la version culturelle du Père mythique et de la place interdite, le refoulement inaugural du jeune sujet ne peut être efficient, c'est-à-dire fondateur, s'il y a subversion systématique de cette problématique par la famille ».

La question de la causalité est indissociable de l'irruption de la différenciation et des catégories de pensée, mais elle prend son temps ; l'instantané de l'irruption de la différence en tant qu'écart quantitatif ne s'affirme que par la durée qui qualifie cet écart. L'opération entre de ce fait dans un espace commun de signifiance.

Si le manque d'efficience du refoulement originaire annulait l'instant fondateur inaugural, il n'y aurait plus de sujet. Or, le cas sur lequel s'appuie Pierre Legendre pour soutenir l'hypothèse d'une interaction du familial et de l'originaire est un cas de parricide non psychotique, le sujet égaré dans une bouffée délirante se retrouve en faisant appel au « tiers social » dans sa fonction de référence palliative du père concret. Le parricide y est comme un envers du suicide.

Pour pouvoir se retrouver, il faut qu'un sujet ait été fondé ; il faut qu'un refoulement ait marqué définitivement la trace d'une première défense comme acte mental rudimentaire d'une volonté de vivre et, pourtant, si le sujet peut s'anéantir par une bouffée délirante (ou un acte autodestructeur), il s'avère aussi que l'acte fondateur a manqué d'un enregistrement suffisamment fiable.

Le paradoxe d'une telle configuration rejoint ce que, par ailleurs, je propose comme formule d'une structuration de Sujet-limite. Dans une telle dynamique, le rôle de la famille, en tant qu'elle peut profondément subvertir la condition de séparation initiale par l'invalidation de la condition de redevance à un Père, des positions généalogiques, interfère sur le refoulement originaire en faisant obstacle au deuxième temps de son opération délimitante : le jugement d'existence. Il s'y pérennise, de ce fait, un régime transitionnel dont l'écho, dans le fonctionnement psychique, perturbe les organisations secondaires de défense.

Or, il faut souligner qu'entre le fondement mythique d'un sujet projet, dans la première catégorie spatiale du dedans/dehors qui lui permet de revenir sur lui-même (fondement de la réflexivité) et le fondement rationnel du sujet qui lui permet de référer ses perceptions au monde (principe de réalité), il y a tout le champ des symboles où interfère l'ensemble du symbolique, autant dire tout ce qui parle et représente.

Nous allons développer, sur un plan plus clinique, les inférences d'une subversion familiale sur la formule identificatoire du sujet suicidaire.

LES FAMILLES ATRIDIENNES

Il est des familles où, manifestement, les forces de division l'emportent sur les liens de solidarité et de complémentarité. Cela constitue une variante dont on peut s'attendre à ce qu'elle infléchisse significativement les processus en jeu dans le complexe d'œdipe. Un autre modèle mythologique semble mieux s'appliquer à ces configurations familiales : le mythe des Atrides.

La lignée de Tantale et d'Atrée est caractérisée par la démesure de son orgueil et de ses comportements. Dans leur univers, les désirs et la violence enfreignent toutes les lois. Les Atrides sont une famille avec des mœurs de horde sauvage et des dispositions de tueurs en série. En comparaison, le meurtre du père par Œdipe est une bluette.

Le mythe d'œdipe rend compte d'une histoire d'amour qui tourne mal ; certes le père est tué, mais ce n'est pas un acte délibéré, l'intention est amoureuse, le crime vient de surcroît. Du côté des Atrides, par contre, c'est le principe même de la paternité qui est radicalement attaqué par le crime.

On imagine aisément que le rapport de violence entre Œdipe et son père Laïos n'est pas du même ordre que celui de Pelops et son père Tantale. Laïos est dans une position défensive lorsqu'il ordonne le meurtre de son fils, il essaye de désobéir aux Dieux, de ne pas réaliser son destin. Il essaye, mais sans succès, d'échapper à la névrose. Tantale, lui, n'y va pas par quatre chemins, il veut défier le savoir des Dieux, prouver qu'ils sont faillibles, et c'est de ses propres mains, avec préméditation, qu'il tue, découpe et fait cuire son fils Pelops. Il pervertit la fonction sacrificielle en provocation démoniaque. Seule Déméter s'y laisse tromper : la nourrice éternelle est la seule à manger du fils de Tantale. Celle qui donne à manger se retrouve dévoreuse, ainsi révélée à contre-emploi par la malignité d'un père qui subvertit sa propre fonction paternelle par présomption, « hubris », et parce qu'il préfère demeurer lui-même un fils provocateur.

Bien des questions se posent :

Comment Déméter peut-elle manquer à ce point de discernement ? N'y a-t-il pas, si l'on se réfère à son attachement à sa fille Perséphone, dans cette figure de mère insatisfaite qui ne réussit pas à gérer la séparation, l'indication d'une position perverse qui, ici, recouperait la perversion de la position du père ? Car l'on voit aussi que Tantale ne sacrifie pas à l'autel de la paternité symbolique figurée par les dieux ; il sacrifie pour son propre compte, usurpant les prérogatives divines ; c'est bien une position perverse.

Toutes les valeurs sont ici inversées : la nourrice dévore - le sacrifice offense - le fils veut prendre le savoir des pères sans payer la dette de succession. Un tel chaos ne peut être réparé que par la répétition et le retournement. La réplique des dieux sera à la mesure du crime : l'avidité sans limite de Tantale sera confrontée à la privation sans limite (le supplice de Tantale), et son refus d'accepter la dette de sa filiation sera, par une transmission généalogique du crime, traduit en dette criminogène.

Il s'agit dans ces prémisses mythologiques d'une problématique orale du crime et de l'inceste archaïques qui passent par le premier organe érotique, la bouche, et dont l'enjeu est le refus de différenciation. Alors que la problématique œdipienne est qualifiée génitalement dans le processus de différenciation sexuelle.

Que deviennent les enfants de la lignée atridienne ? Ils sont confrontés au sacrifice d'une façon plus réaliste que symbolique. Certes, la version œdipienne n'est pas sans sacrifice : le suicide de Jocaste, le duel mortel de ses deux fils, le sacrifice volontaire d'Antigone, mais on peut dire que la position subjective des protagonistes ne disparaît pas dans l'offrande réparatrice, ils payent une dette à la volonté divine et le sacrifice consenti est en rapport avec ce vouloir divin, donc, finalement, avec le respect de la référence ultime de la loi ; de ce fait, la parole est toujours intriquée aux actes qu'elle accompagne.

Dans la version atridienne il n'est pas question de payer la dette, au contraire, les meurtres sont accomplis en fonction d'une avidité humaine démesurée et l'on voit mieux ici la fonction répétitive comme effet d'un au-delà de la loi symbolique qui se transforme en un en-deça de la condition humaine. Les enfants atridiens sont confrontés à l'innommable : Pelops, l'inaugural, enfant dévoré avant même de pouvoir parler - il a fallu un jugement des Dieux pour le remettre en vie, un peu rafistolé de la livre de chair qu'il ne récupérera jamais. Sa sœur Niobé, héritière de la présomption paternelle, voit ses enfants mourir en châtiment de son outrecuidance. Et depuis, dans cette famille, on sacrifie allègrement les enfants sur les autels privés des passions intestines. Les enfants de Thyeste, Iphigénie, Agamemnon lui-même, tous tués par leur père ou leur oncle pour des motifs très égoïstes.

La morale de ce mythe montre qu'un défi radical à la loi généalogique produit des enfants morts ou des enfants meurtriers. Ou encore, que la mort de l'enfant s'inscrit dans tout projet parental qui récuse la transmission.

Les mythes servent à comprendre l'enjeu des fantasmes. En cela ils sont intemporels. Le mythe des Atrides permet de reconsidérer le fantasme de parthénogenèse comme une figure du meurtre d'enfant, car refuser d'inscrire l'enfant dans sa moitié paternelle ou maternelle c'est attaquer mortellement la formule de base de sa subjectivité.

Les fondements de l'identité reposent sur deux mouvements : un croisement de lignées avant la conception de l'enfant et un glissement diachronique, une translation générationnelle, lorsque l'enfant paraît. L'arrivée d'un premier enfant, lorsque les positions sont ordonnées, transforme le fils en père, le père en grand-père, etc. jusqu'à l'ancêtre mythique inaugural. Du côté des pères, c'est une déportation non marquée corporellement, alors que du côté des mères, le corporel inscrit les places tant par l'accouchement que par les péripéties des différents stades de fécondité. Le corps de la mère est marqué par l'enfant alors que l'enfant est marqué par le nom du père et que le père n'est lui-même marqué que par le nom du père, ce qui, d'une certaine façon, en fait l'égal de l'enfant. Les pères doivent faire plus de travail de réalisation pour entrer dans la paternité, alors que les mères doivent, au contraire, se détacher de la réalité corporelle pour aménager du jeu imaginaire et symbolique à leur fonction.

Les aléas atridiens peuvent illustrer et traduire l'effet de carences ou de distorsions dans la diachronie des générations tant du côté de la mère symbolique (illustrée par Déméter) dont la chair ne s'est pas détachée de la chair et par conséquent ne joue pas sa fonction symbolique, que chez les pères qui attaquent l'ordre symbolique. L'inceste prend ici une tournure dévorante où l'enfant abandonne plus que son sexe mythique, il est privé du rythme ludique et nécessaire entre fantasme et réalité, parce que ces deux catégories, subverties par le désir parental, risquent constamment la collusion. Elles doivent par conséquent subir un clivage drastique en défense.

L'ALGORITHME OEDIPIEN ET SES VARIANTES POST-MODERNES

Si le schéma œdipien est l'algorithme de la socialisation humaine, il nous faut maintenant examiner comment les distorsions atridiennes viennent infléchir le jeu de cet algorithme.

« L'œdipe », sur le plan économico-dynamique, est un double circuit à polarités permutables dont la formule se développe à partir des choix d'investissement avec une bifurcation entre le trajet du désir érotique et le trajet des images idéales : soit l'objet d'amour est conservé et il ne sert pas à l'identification, soit il est rejeté et il entre dans l'identification. Pour faire court, on dira que l'enfant traverse correctement son « œdipe » lorsqu'il admet que son désir amoureux est surclassé par le désir de ses parents, que cela fait partie de l'ordre des choses et que dans l'ordre des choses il est licite de ressembler mais illicite de s'assembler à eux.

Dans le modèle atridien, l'ordre des choses est dérangé par son assujettissement, sur plusieurs générations, aux excès de violence intestine dénotant la prédominance d'un désir de destruction des liens (désir de meurtre plus ou moins conscient). Les antagonismes parentaux attaquent la lisibilité généalogique ; en fait, dans ces familles-là, l'ordre de la Loi se négocie. Il se négocie entre des adultes qui récusent le principe du croisement généalogique et, souvent, il faut l'intervention régulatrice d'une loi extérieure effective pour ramener, en apparence au moins, le respect de ce principe tel que l'ensemble culturel l'a défini.

On constate donc que l'instance tierce de la loi va s'en trouver plus éloignée du lieu œdipien. Dans la mesure où les parents font appel à une loi qui régule les relations du couple, au lieu d'en être les instances de relais dans le cercle de famille, ils décalent d'un rang l'instance de la loi. C'est notamment ce qui se passe lors des divorces qui se déroulent rarement sans règlements de comptes conjugaux, repris dans les lignages respectifs ; c'est aussi le cas assez souvent lors des successions d'héritages où les enfants assistent à la contestation par les adultes de la transmission ancestrale.

Lorsque les relais de la loi relativisent la loi par leur propre récusation, ils vont introduire, pour leurs successeurs, un effet de doute. La loi ne supporte pas un régime aléatoire. Que la parole paternelle récuse la parole maternelle ou vice versa, que l'un ou l'autre tente d'invalider les décisions de la loi, et voilà pour l'enfant une configuration où trois pôles référentiels équivalents en puissance entrent dans un jeu dont l'issue est incertaine.

De plus, lors d'un divorce, il est très fréquent que dans le processus de perte imaginaire de l'appartenance à l'entité « couple » chacun se replie sur une position régressive d'enfance. Ainsi, la dissolution du couple fait perdre à l'un et/ou l'autre son statut parental imaginaire, l'enfant se retrouve alors avec des parents plus près d'une position mythique que d'une position symbolique. Comment s'y retrouver, comment négocier ce nouveau rapport du désir et de la loi où chacun déploie une activité « perverse » d'appropriation de la loi aux fins de son désir ?

Comment ajuster la mesure de sa rivalité quand les parents deviennent entre eux des rivaux sans merci. L'objet est toujours en excès (trop ou trop peu) et la loi semble vaguement arbitraire.

Il n'est pas question d'accabler les parents divorcés mais on ne saurait passer sous silence qu'une rupture de couple, en attaquant les liens de solidarité familiale, introduit une perturbation notable dans la construction d'une logique du lien chez l'enfant.

On laisse les couples se séparer à l'amiable, c'est une façon de dire « chamaillez-vous tous seuls dans votre coin, on interviendra plus tard » ; ce « plus tard » c'est le moment où la loi entérine les partages et rabote les parts mal taillées. Il faut plusieurs mois pour diviser une communauté, et pendant tout ce temps des confrontations sauvages opposent les protagonistes. Je ne connais pas de divorces sans haine plus ou moins avouée. Quand admettra-t-on qu'il est nécessaire de faire intervenir très tôt un tiers médiateur pour gérer cette haine et rétablir une instance de recours au niveau du principe même de la loi que les violences conjugales mettent à mal ?

On a vu qu'en s'attaquant l'un l'autre chaque parent attaque la référence de loi et de régulation que représente un parent pour son enfant. C'est une donnée incontournable à laquelle il faudrait songer à remédier par une manifestation plus instituante dans la procédure du divorce. Le bien-être de l'enfant est, certes, prioritaire, mais il faudrait songer aussi que les déstructurations d'effet symbolique sont aussi importantes que le bien être matériel et affectif.

Avec l'effacement des sociétés à dominante univoque, patriarcale ou matriarcale, et le développement de sociétés où le pouvoir et les référentiels se partagent entre les deux sexes, on pouvait espérer un développement parallèle de la fonction de complémentarité dans l'imaginaire collectif. On aurait pu s'attendre à ce que la complexité croissante se soutienne d'un meilleur embrayage dialectique et que la bipolarisation plus équivalente des sources référentielles aboutisse à un enrichissement des nuances. Or, pour l'instant, on constate que la complexité engendre des résistances latérales se traduisant par des formules d'exclusion et de rejet plus sauvages qu'auparavant, parce que plus clivées. Ceux qui ne réussissent pas à entrer dans le développement complexe d'une dialectique multipolaire des références se retrouvent dans un « néo-land » où les effets symboliques deviennent de plus en plus aléatoires et par conséquent se détachent du principe référentiel de la Loi.

La complexité de systèmes relationnels à plusieurs pôles de référence d'égale valeur s'étend de plus en plus, sans que l'on ait encore prévu les défenses nécessaires aux dysfonctionnements de cette néo-complexité. Par exemple, aucun dispositif n'encadre la possibilité d'une régression en cas de perturbation critique du système des références internes et externes. Si la voie progressive d'un dépassement dialectique des contradictions est indisponible, on ne peut retrouver, dans un cadre sociétal, la solution d'une voie régressive. Aucun dispositif ne prévoit une issue normale de sortie de crise par étayage sur une « prothèse » externe d'un principe de pouvoir univoque ; certes, un tel dispositif serait simplificateur et réducteur, mais il permettrait sans doute d'établir un palier d'intégration à un niveau plus accessible à l'individu en crise. Du coup, c'est un régime de horde sauvage encore plus primitif qui se manifeste aux abords de la société policée par la complexité post-moderne.

Ainsi, lorsque les parents s'opposent violemment, de puissance à puissance, non seulement le principe dialectique cesse de fonctionner, mais de plus, compte tenu de la répression, dans l'idéal collectif, du principe de domination uniréférentiel, le conflit familial aboutit à la mise en présence de principes de fonctionnement réfractaires, sans aucune solution de compromis, avec une logique basée sur l'incompatibilité des arguments, et une bipolarisation antinomique ; autant dire que c'est un état de guerre au niveau des puissances parentales sans que le dispositif « diplomatique » de l'instance judiciaire n'intervienne. On comprend bien qu'il ne peut en résulter qu'une accentuation de l'incohérence interne dans la structuration du rapport de l'enfant à la loi symbolique.

L'EXHAUSTION DU SIGNE COMME PULSIONNALITE DU SIGNIFIANT

L'incohérence dans le rapport de l'enfant à la Loi n'implique pas automatiquement des d'effets de forclusion ; l'imprécision de la loi introduit une instabilité structurale dans le rapport du sujet à lui-même et dans son rapport à la réalité, mais dans le cas des sujets-limite, c'est la fiabilité des signes qui est attaquée par l'indétermination de la loi.

En effet, la valeur sémantique des signes se constitue par une relation triadique incluant un interprétant. Un interprétant est constitutif du signe (Pierce). Même si la réalité n'est qu'un champ de signes encore a-t-il fallu que l'entrée en parole du sujet humain soit guidée par des interprètes (les adultes) qui reçoivent l'adresse d'un besoin et la traduisent en réponse, plus complexe, de satisfaction du besoin additionnée d'un quota de signifiance. Le signe se construit parce qu'il a été reçu par des interprètes qui l'ont complété.

Dès lors, on peut voir que les mauvaises interprétations, les projections déformantes, les invalidations et autres distorsions du sens peuvent, si elles sont massives ou systématiques, induire dans la valeur du signe une incertitude supérieure à la norme ordinaire. Une telle incertitude renforce l'emprise du signe sur les sujets-limite et les pousse à rechercher la production sans cesse réitérée de signes dans le monde.

Si les sources originaires de garantie sémantique, les parents, se mettent à produire des références contradictoires et incompatibles, on comprend bien que le doute s'installe de façon pathologique entre l'enfant et le monde.

La pratique psychanalytique nous apprend qu'aux prises avec l'ambiguïté du discours parental l'enfant se met à désirer savoir. Il ne s'agit plus de la simple curiosité sur la scène sexuelle mais d'un besoin d'emprise sur le signifiant pour en limiter le pouvoir déstructurant.

Aux prises avec un double fond ambigu des paroles qu'on lui adresse, l'enfant recherche le lieu, le point de vue, d'où l'autre le regarde, car ce lieu construit la perspective de sa propre identité. C'est un lieu idéal qui produit les coordonnées de l'Idéal du Moi. Plus ces coordonnées sont ambiguës, plus l'emprise du signifiant se pulsionnalise par un désir de savoir réactionnel, plus il sera nécessaire de renforcer, en défense, des modélisations idéales. Et, lorsque les figures idéales ne réussissent plus à ordonner la perspective identitaire, il reste, en réserve défensive, l'utilisation du trait idéal originaire, celui qui efface toute forme pour pouvoir réussir à se compter pour un ; atteindre le savoir de l'Un est l'utopie où se reconnaît le sujet qui ne se reconnaît plus dans l'autre.

C'est l'offrande sacrificielle qui permet encore de compter et qu'on peut traduire pour un suicidant : « si tu ne veux pas de mon image, je te donne ma mort. ». L'image du Rien est un creux à remplir au bon plaisir de l'autre, mais c'est un creux qui compte, un rien qui fait limite.

Les familles en divorce, mais aussi les familles en violence, en inceste, en rupture de transmission, présentent une configuration atridienne : les charges négatives y attaquent les liens de solidarité jusqu'à faire éclater la cohésion de la cellule familiale.

Là où les familles œdipiennes réussissent à tempérer l'ambivalence par la force des liens d'amour et de solidarité, les familles atridiennes laissent resurgir des fantasmes de meurtre primitif. Confronté à de tels fantasmes l'enfant peut prendre la place du rien qui ne compte que pour séparer l'image d'un meurtrier et d'un meurtri.

CONSEQUENCES CLINIQUES

Au niveau du cadre

L'enfant œdipien doit négocier sa place dans un réseau de liens qui forme un contenant stable en mesure d'absorber sa destructivité rivalitaire. Son désir, aussi violent soit-il, rencontre la communauté du désir des adultes qui le surclasse.

L'enfant atridien se retrouve affilié à un réseau qui se disloque. Pour réussir son inclusion dans le cadre, il lui faut d'abord restaurer ce cadre en tant qu'ensemble d'appartenance, le consolider par ses propres défenses contre les forces de dispersion internes. Il a donc à faire à la structure même du réseau relationnel avant de pouvoir développer son propre jeu dans ce réseau.

Au niveau des liens

Lorsque des parents se séparent, le désir de l'enfant rencontre une béance réelle dans l'interdit de l'inceste ; en effet, la rupture du couple le livre à chacun de ses géniteurs dans une figure de réalisation du fantasme de les posséder exclusivement ou d'être possédé par chacun d'eux de préférence à l'autre. Sa stratégie rivalitaire est alors largement dominée par la rivalité parentale. Il lui devient difficile de trop désirer par crainte d'une réalisation incestueuse et il lui est difficile d'engager sa propre destructivité tant la force de celle de ses parents sature les liens familiaux. A ce compte-là, c'est toute la fonction désirante de l'enfant qui se dévalue et dérive soit vers le narcissisme, soit vers la sublimation ou l'idéalisation.

Au niveau des défenses

Les stratégies de défense tendent à sauvegarder le cadre, le sujet dans le cadre et, après cela, l'objet dans le cadre.

Ces stratégies prennent diverses formes mais, le plus souvent, le sujet suicidaire opte pour une dichotomie. Il joue, sur le mode libidinal, une appartenance inconditionnelle à l'un des parents, tandis qu'il aménage une « poche » clandestine idéale, refoulée, où se loge l'imago de l'autre parent. L'image clandestine idéalisée contribue à la stratification de l'Idéal du Moi et l'on voit déjà qu'il y aura antagonisme entre l'allégeance amoureuse et l'image de ressemblance.

Un antagonisme intrapsychique se formule donc à partir du modèle des rapports destructeurs du couple parental. L'antagonisme, ainsi introjecté, sera d'autant plus difficile à négocier que des rapports réels auront étayé ce mode de défense.

Lorsque l'intrusion parentale est massive et systématique il se produit une véritable captation sur la structuration du sujet. On constate que le système relationnel de ces individus est agencé par des assignations à ressemblance qui supplantent, en force de loi, l'interdit du désir incestueux. Joyce Mc Dougall a décrit dans sa formulation de la relation addictive, le besoin de considérer l'autre comme un objet transitionnel[1] ce qui implique une formule complémentaire : la structuration d'un enfant en tant qu'objet transitionnel de son parent addicté[2].

Les prohibitions et les réquisitions d'appartenance, tant de la lignée paternelle que maternelle, interfèrent sur les valeurs identificatoires. Une formule inconsciente affleure dans les familles atridiennes : « tu peux éventuellement aimer ton père (ou ta mère) mais ne lui ressemble pas. ». On reconnaît dans cette loi d'appartenance endogame la formule masquée d'un projet fantasmatique de parthénogenèse où la captation plus

---

[1] J. Mc Dougall, *Théâtre du Je*, Gallimard, 1982.
[2] S. Olindo-Weber, *Stase et suicide*, thèse de doctorat, Paris, 1986.

ou moins consciente d'un enfant tend à l'inscrire dans une seule lignée.

Depuis longtemps[3] nous repérons cette figure inconsciente de désir de parthénogenèse dans les lignages de patients suicidaires.

Un tel fantasme introduit de nombreuses distorsions relationnelles dont on peut comprendre la logique en fonction de deux postulats : l'invalidation de l'altérité dans le principe de succession généalogique et son corollaire : la reproduction des rôles dans une reduplication, soit monosexuée soit incestueuse.

En effet, le refus de validation des apports de l'alliance aboutit à l'exclusion, non pas en syntaxe mais en valeur idéale, des apports de l'altérité. Il réduit l'un des protagonistes du couple soit au statut d'appendice, toléré au mieux, s'il n'est pas dérangeant, soit à occuper la place de l'agresseur, s'il prétend faire valoir des droits.

Le fantasme de parthénogenèse fait donc obstacle à l'alliance mais il produit également des effets au sein même de la lignée endogamique : il introduit des distorsions, notamment dans l'ordre de succession généalogique. Ainsi, la progression et l'enchaînement des générations s'articule, en fantasme, si ce n'est en droit, entre des individus du même sexe : c'est une lignée de mères ou une lignée de pères (un clonage imaginaire ne reproduit que des individus de même sexe, dans la même fonction).

Alors que la différence des sexes se marque d'une opposition plus violente, la relation entre sexes, fortement infiltrée d'ennamoration narcissique, camoufle la visée du désir de parthénogenèse.

---

[3] S. Olindo-Weber, *Stase et suicide*, thèse de doctorat, Paris, 1986.

Une autre conséquence du fantasme familial de parthénogenèse induit un processus assez subtil : le décalage de l'accession symbolique au rôle parental. En effet, le glissement diachronique des générations ne se symbolise pas au moment de la naissance d'un premier enfant, car ce n'est pas la réalité de la mise au monde d'un enfant qui fonde le signifiant généalogique mais l'acte d'enfanter. Ce n'est pas l'arrivée de l'enfant qui rétrograde la parentèle d'un échelon généalogique, mais c'est l'accession d'une fille ou d'un garçon à la fonction maternelle ou paternelle qui produit ce glissement. La mère succède aux mères, le père succède aux pères, l'enfant ne succède à personne et doit attendre de devenir lui-même parent pour entrer dans l'ordre de succession. Ceci implique que lorsque la jeune mère entre dans l'ordre de succession son rejeton n'y entre pas.

Une telle configuration crée pour le premier-né une sorte de no man's land. Quelle place imaginaire occupe-t-il dans l'intervalle entre sa naissance et son accession à la parentalité au sein de la lignée ?

La distorsion temporelle de la période qui précède l'accession au statut parental permet divers arrangements avec l'ordre généalogique ; ainsi, il n'est pas rare qu'une jeune mère « offre » symboliquement son premier enfant à sa propre mère, l'enfant se retrouve alors intégré imaginairement à la fratrie de ses propres parents. L'enfant peut aussi devenir un double de la mère ou du père, ou encore l'enjeu, réalisé, de la solution œdipienne qui se réactive lors de sa naissance pour chacun de ses parents.

Il est évident que s'il faut attendre d'être parent pour prendre une place généalogique de successeur, le processus œdipien engagé dans l'enfance ne peut pas s'achever avant une première procréation. Un tel décalage dans la liquidation œdipienne se transmet aussi de génération en génération ; chacun aura à affronter la difficulté de l'identification au parent de même sexe à partir d'une réalité tangible d'enfantement et non pas à partir du fantasme d'obtenir un enfant du père ou de la mère. Il est, d'ailleurs, de plus en plus fréquent que des symptômes apparaissent post-partum chez les jeunes parents qui doivent élaborer à ce moment-là la culpabilité de tuer symboliquement leur propre géniteur pour pouvoir s'approprier, en droit idéal, leur progéniture.

L'enfant atridien est donc soumis à la tâche impossible d'avoir à effectuer une triangulation avec des modèles inconciliables, au sein d'un discours mythologique familial qui lui assigne d'emblée une position dichotomique.

Comment s'en sort-il ? Nous avons déjà vu la solution défensive du « saut » dans l'idéal avec une figure tierce clandestine. Il se trouve aussi des figures tierces dans un « saut » généalogique facilité par l'ambiguïté parthénogénétique, par exemple, un grand-parent vivant ou investi idéalement par le parent d'alliance. Mais il ne faut pas sous-estimer l'efficacité du champ culturel qui peut offrir un pôle de triangulation avec ses héros mythiques ou ses figures de substitution parentale comme les maîtres d'école, les éducateurs et autres psychologues.

Au niveau de l'économie psychique

La relation atridienne, en raison de l'injonction inconsciente à une appartenance monolignagère, inscrit tout choix d'alliance comme un écart relationnel. Le fantasme sous-jacent de reproduction du même ne tolère l'alliance avec l'autre qu'à la condition préalable d'avoir réduit cet autre à un même ; sinon l'alliance est vécue, plus ou moins consciemment, comme une trahison et une spoliation.

Le mythe des Atrides montre comment, à chaque succession de génération, la tragédie initiale se répète : au premier temps on tue un enfant, au second temps on tue un parent par mesure de rétorsion. Il est impossible d'accéder à la fonction parentale sans un meurtre, plus imaginaire que symbolique.

L'introjection d'une telle logique a pour conséquence intrapsychique que tout détachement/désinvestissement, toute coupure, donc toute perte se heurtera à l'invalidité d'un modèle de gestion pacifique de la succession des générations. La rupture du lien est forcément passionnelle. La passion, on le sait, fait obstacle au travail de deuil et par conséquent perturbe les processus identificatoires qui s'élaborent au cours de ce travail.

Pourquoi les ruptures amoureuses, chez les adolescents, seraient-elles plus suicidogènes maintenant qu'il y a un siècle ?

Les objets d'amour n'ont jamais été plus accessibles, la permissivité plus grande, la réversibilité des engagements mieux comprise. Il faut croire que malgré cela une rupture amoureuse crée, chez les jeunes suicidants, un sentiment d'irréversibilité tragique.

Nous le comprendrons mieux si nous tenons compte d'une stratification antérieure du trauma où un fait de rupture a déjà pris une valeur tragique, c'est-à-dire l'activité inconsciente d'une trace de dislocation intérieure à partir d'un manque ou d'une perte archaïque.

La qualité de l'archaïque se reconnaît au régime du tout ou rien qui instaure une loi d'insubstituabilité de l'objet perdu en tant qu'objet partiel. S'il s'est produit dans l'histoire d'un individu une surcharge traumatique à l'occasion d'une première perte, la trace antérieure va ensuite contaminer, par les affects d'un déjà vécu radical, toute rupture actuelle. C'est le frayage du trauma, bien connu par les cliniciens du suicide.

Ainsi l'on voit que ce n'est pas une autre façon d'aimer qui rend les ruptures amoureuses si tragiques, c'est une autre façon de rompre. Toute rupture s'inscrit, pour le suicidaire, sur trois plans :

- non seulement en résonance avec la première coupure ontologique (son auto-déchirure initiale), sort commun mais parfois peu banal ;
- non seulement sur le modèle de la séparation primaire (avec la mère primitive), séquence historique plus ou moins mythologisée ;
- mais encore sur des expériences de rupture des liens dans l'histoire familiale, réalité de plein exercice dans le contexte d'où surgissent les signifiants qui déterminent le Sujet.

Or, le sentiment de cohérence interne s'étaye - de la continuité intime à la continuité relationnelle - sur chacun de ces trois niveaux. Autant dire que la conjonction de distorsions imaginaires et réelles risque de désarrimer certains signifiants, non de les forclore, mais de les soumettre à une divagation erratique dans la chaîne des signifiants qui assure le sentiment d'une cohérence partagée. Or, la nature du trauma étant de tendre à répéter sa violence fondatrice, chaque violence, vécue ou ressentie, viendra renforcer la compulsion de répétition originaire pour entretenir cette dynamique en boucle ou en volutes qui repasse à son point de départ pour pouvoir continuer son mouvement.

La rupture est passionnelle lorsqu'elle inscrit la perte dans une violence meurtrière. Comme Ferenczi l'a si bien vu, pour un enfant, la violence commence par l'intrusion d'une langue adulte, chargée d'affects et de fantasmes d'adultes, dans un appareil psychique enfantin dépourvu des outils pour traduire et intégrer la sémantique adulte. A ce stade du développement l'incompréhensible connote un inconnu mortifère. Que la fonction signifiante s'annule par une saturation de signifiants adultes conduit l'enfant à l'abolition du monde ou à l'abolition de sa propre compétence à signifier à moins qu'il ne réagisse par des mécanismes de clivage pour isoler la zone de non-sens ou des mécanismes réactionnels qui renforcent la pulsion d'emprise sur le sens.

Or, la réduction de la distance affective entre parents et enfants, qui est un phénomène très contemporain, entraîne une plus grande implication des enfants aux problématiques adultes et multiplie les occurrences de confusion de langue entre adultes et enfants. C'est une confusion qui se généralise et qui, dans certaines familles, en arrive à instrumentaliser l'enfant dans les enjeux de pouvoir entre adultes.

Lorsque les adultes donnent le spectacle d'une violence immaîtrisée comment pourront-ils ensuite maîtriser la violence de l'enfant ? Lorsqu'ils sont incapables de se calmer, comment calmeront-ils leur enfant ?

Louis Roussel titre l'un de ses ouvrages *La famille incertaine*[4]. « Ainsi donc, on se marie désormais moins et plus tard ; on divorce davantage et plus tôt, on a moins d'enfants et on les met au monde à un âge plus élevé, on se remarie moins souvent à la suite d'un divorce.[5] » L'auteur montre qu'on assiste à une désinstitutionnalisation de la vie familiale et il ajoute : « Les générations contemporaines répugnent bien aux contraintes de la loi, mais elles gardent, plus ou moins consciente, la nostalgie d'un mode de vie où les désirs étaient balisés par une loi.[6] ». En fait, la solidarité familiale n'est plus le terrain privilégié d'une attente de satisfactions privées. Pour Louis Roussel, les gratifications sont prioritairement attendues de satisfactions individuelles.

Est-ce dire que l'individu est devenu si fort narcissiquement qu'il n'a plus besoin de l'alliance avec l'autre pour accomplir son principe de plaisir ? Ne faudrait-il pas coupler ces enquêtes sur le mariage avec les enquêtes sur les conditions de l'habitat pour s'apercevoir peut-être que la

---

[4] L. Roussel, *La Famille Incertaine*, éd. Odile Jacob, Paris, 1999.

[5] Ibid, p.95.

[6] Ibid, p.132.

solidarité de la famille d'origine l'emporte sur la solidarité de la famille d'alliance et se demander pourquoi un tel renversement s'est effectué dans les dernières décennies ? Tout se tient ! Lorsque la fonction du tiers perd de sa valeur, la validité de la loi s'affaisse et les liens infantiles conservent leur force initiale.

Dans son ouvrage *Le démariage*[7], Irène Théry étudie le divorce et ses conséquences : « Si l'on ne considère que les divorces proprement dits, 4 enfants sur 10 n'ont pas encore l'âge du cours préparatoire, et plus de 8 sur 10 n'ont pas atteint treize ans lors de l'audience de conciliation.[8] ». Ces enfants souffrent ; un quart d'entre eux présente des symptômes. Souffrent-ils de la séparation parentale ou du fait que le conflit entre leurs parents ne reçoit aucune médiation tierce ? Irène Théry parle d'un déni absolu du réel en ce qui concerne le conflit parental. « En faisant peser sur tout conflit une stigmatisation morale puissante, on produit la plus persuasive des incitations à l'autorégulation, quitte à museler celui qui se sent victime d'un déni de justice » ; et plus loin : « Dans l'immédiat, l'effet paradoxal de la stigmatisation systématique du conflit est d'inciter indirectement à ce qui paraît pourtant le plus contraire à l'intérêt de l'enfant, le renoncement, l'éloignement, puis l'indifférence, de celui des parents dont les liens avec l'enfant sont les plus menacés par la rupture conjugale.[9] ».

On voit comment l'autogestion du conflit aboutit à la constitution d'une généalogie monolignagère quand l'une des deux lignées subit et accepte l'effacement. Le divorce produira et confortera des positions atridiennes tant que la gestion du conflit conjugo-parental sera abandonnée par la loi.

---

[7] I. Théry, *Le Démariage*, éd. Odile Jacob, Paris, 1996.
[8] Ibid, p.240.
[9] Ibid, p.161.

Comment l'enfant atridien réussira-t-il à tenir sa position de singularité dans une telle confusion des émotions, des valeurs et des sentiments ? On comprend qu'il y place toute son énergie défensive au détriment de ses investissements amoureux et, lorsqu'il accepte d'être amoureux, c'est toujours plus ou moins sa vie qu'il met en jeu, tant il est dangereux pour lui d'affaiblir ses défenses narcissiques.

Là où l'enfant œdipien n'aura qu'à résoudre l'équation à deux inconnues de sa différence sexuelle et de son numéro d'ordre dans la succession généalogique, l'enfant atridien cherche le principe d'ordre qui lui donne droit à une place singulière. Il lui arrive d'essayer l'amour pour se légitimer, si ça ne marche pas, il lui arrive d'essayer la mort.

NOTULE

Diagramme d'une famille atridienne et lien avec le suicide :

Origine du mythe familial :

Premier ancêtre : un aïeul ayant choisi sur ses vieux jours un suicide à la romaine pour rester digne face à la maladie.

Caractéristiques familiales :

1° génération : séparation tardive du couple (plus de 60 ans) : alcoolisme notoire, violences domestiques. L'homme est enterré dans le caveau de sa fratrie - la femme est enterrée dans un autre pays.

2° génération : séparation tardive du couple : conflits conjugaux - l'homme est enterré auprès de sa fratrie - la femme est enterrée dans un pays différent.

3° génération : couple divorcé : violences graves avec intervention de justice - l'homme, 1 T.S., est enterré dans le caveau de sa fratrie - la femme toujours vivante a divorcé 3 fois.

4° génération : trois enfants, tous divorcés, plusieurs T.S.

5° génération : trois couples séparés sur quatre enfants, plusieurs T.S.

On constate que l'agir suicidaire traverse les générations de même que la difficulté de maintenir l'union des couples. Le symbole de cette dispersion du lien familial peut se vérifier dans la dispersion des lieux de sépulture : aucun des ancêtres morts n'est enterré dans la même zone géographique, sur trois générations de décédés.

X - CLINIQUE DU TRAUMA : TROIS EPOQUES DE LA NEVROSE

MONSIEUR N. ET SON CADAVRE

(Reprise de l'article paru sous le titre « le corps lésé comme parole im-présentable » dans la revue *PSYchIATRieS*, n°124/125, novembre 1998)

Monsieur N. n'est pas à proprement parler un suicidaire. La tentation du suicide, avec comportements autodestructeurs, a fait partie de son adolescence, mais depuis son accession à un niveau de responsabilité dans la vie professionnelle, ses symptômes se sont développés dans le champ psychosomatique. Cependant, Monsieur N. présente un tableau exemplaire de névrose traumatique originaire, tant par la clarté du matériel onirique que par la simplicité de l'organisation des symptômes. Alors que la première impression du thérapeute était plus près du scepticisme quant au pronostic et frôlait le verdict de contre-indication du travail d'analyse quant au diagnostic, le cas de M.N. finit par dérouler un modèle de structuration traumatique quasi archétypal.

Pourtant, en se présentant à notre première rencontre, Monsieur N. avait fait un effort pour cumuler tout ce qui peut rebuter un analyste : premièrement, il déclarait ne pas venir de sa propre initiative, mais sur l'injonction pressante de son épouse et précisait qu'il ne croyait pas du tout à ce genre de travail thérapeutique estimant que la foi et la prière lui paraissaient de bien meilleur aloi ; deuxièmement, il n'avait rien à dire, non seulement ici et maintenant, mais de tout temps : l'inhibition de la parole est pour lui une très vieille habitude et il n'éprouve aucun besoin de s'exprimer en dehors de la prière ; troisièmement, il est inaffectif : hors la passion, récente, qu'il éprouve pour sa femme, il ne ressent rien ou pas grand chose ; tout au plus une vague angoisse permanente, un climat d'angoisse sans objet défini. Il n'a aucune imagination, ne pense qu'à des problèmes pratiques dont il soutient la plupart de ses conversations. Il ajoute qu'il n'a aucun humour, prend tout au sérieux et s'écarte peu des faits, du factuel en général.

Ainsi présenté, on dessinerait d'emblée un profil d'organisation défensive sur le mode de la pensée opératoire, avec probablement un dysfonctionnement du préconscient, selon la formule de Pierre Marty. En tout cas, M.N. montre, à l'évidence, un défaut fondamental du fonctionnement transitionnel et une raréfaction des productions imaginaires.

Pouvions nous espérer quelque chose de son histoire ? Il m'affirme avec véhémence qu'il n'a pas d'histoire. Rien d'intéressant, sauf une articulation clivante, autour d'un événement : la mort de son père lorsqu'il avait 5 ans. Avant 5 ans il ne lui reste aucun souvenir, tout a disparu « comme derrière un rideau de fer » - après 5 ans c'est le souvenir du vide et de l'ennui : sa mère est entrée dans un deuil interminable et tout s'est arrêté de vivre dans la maison. Donc, pas de souvenirs, pas d'histoires relationnelles, une vie amoureuse fonctionnelle jusqu'à sa rencontre avec sa femme. Il a quarante ans. Tout ce qu'il retient de son passé c'est un vécu de corvées quotidiennes et banales : il fallait aider sa mère qui s'était recluse dans son deuil, donc il faisait, à contrecœur, les commissions.

Comme la mort du père avait appauvri financièrement la famille, à la perte de la présence s'ajoutait une perte de statut social ; en effet, Monsieur N. a dû arrêter très tôt ses études pour travailler dès quatorze ans. Il doit son ascension sociale à sa persévérance au travail, à sa curiosité intellectuelle et à une activité d'autodidacte qui l'a conduit à reprendre ultérieurement son éducation universitaire.

Ce tableau de lui-même, qu'il faisait poliment mais à contrecœur, m'incitait à ne pas le garder ; le message était clair : « circulez, il n'y a rien à voir » ; il ne m'offrait que la perspective d'une privation de tout ce qui fait l'intérêt du travail sur l'inconscient et j'allais effectivement m'en désintéresser lorsqu'il me parla du rêve qu'il avait fait la veille. Tout change alors, car un rêve est toujours une ouverture sur le désir.

On ne peut plus croire qu'il n'est venu que pour faire plaisir à sa femme, et s'il n'est pas venu par désir personnel alors pourquoi est-il là ?

En fait, il a très peur. D'abord, parce qu'il est entré en conflit avec un supérieur hiérarchique et il prévoit une évolution catastrophique ; ensuite, parce qu'une recrudescence de douleurs diffuses lui signale la reprise d'une poussée inflammatoire de sa maladie : il s'attend à une rechute imminente de sa spondylarthrite ankylosante ; les signes précurseurs sont manifestes : la douleur aux jambes, l'uvéite et la promotion qu'il vient d'avoir et qui l'a obligé à déménager. Comme ce dernier indice ne me paraît pas congruent aux deux autres, je lui demande de m'en expliquer la logique. Il déroule alors, d'une voix résignée et quasiment mécanique, l'histoire de sa maladie.

Depuis qu'il fait carrière dans le secteur tertiaire, c'est-à-dire environ dix ans, M.N. a subi une série de catastrophes :
- à 30 ans, alors qu'il se promenait à bicyclette, une voiture le heurte, causant un trauma crânien et une hospitalisation avec coma.
- à 32 ans, il souffre d'une uvéite qui, loin d'être banale, est suivie d'une paralysie des membres inférieurs. Paralysie réversible qui n'a duré que quelques mois, mais dont la perspective demeure épouvantable car il n'est pas exclus qu'une récidive puisse survenir. C'est à ce moment là qu'on diagnostique sa spondylarthrite avec présence d'H.L.A. B27.

- à 34 ans, une nouvelle chute de vélo occasionne des fractures multiples aux bras et aux jambes.
- à 37 ans, une uvéite est suivie d'une nouvelle poussée inflammatoire et d'une nouvelle paralysie des membres inférieurs durant quelques mois.

Monsieur N. a quarante ans et s'attend à une rechute imminente, dans une terreur difficile à concevoir. En effet, le dénominateur commun à ces accidents somatiques est bien repéré : c'est chaque fois à la suite d'une promotion suivie d'un déménagement. Or, ce cas de figure vient de se représenter puisque monsieur N. est dans la région depuis trois mois.

Que peut-on en dire ?

Il est possible de s'en tenir aux lois du hasard, de n'admettre aucun lien signifiant entre les événements vécus et le rythme des poussées ou des accidents. A la rigueur, on pourrait admettre les accidents comme des actes manqués relevant d'un conflit inconscient - mais les somatisations ?

Or, si M.N nous offre la construction de cette série dans une logique commune, pourquoi refuser d'en tenir compte ? Il ressent un mouvement autodestructeur chaque fois qu'il progresse dans sa vie sociale. Que cette autodestruction se manifeste dans un acte ou dans une somatisation nous invite simplement à nous interroger sur la proximité économique de l'agir et du champ psychosomatique.

Par la construction d'une série « catastrophique » M.N. se place sous le signe d'un destin ; en cela il n'est pas différent des névrosés ordinaires. Malgré l'évidente carence du fonctionnement imaginaire, il réussit à mythologiser sa condition humaine d'une façon qui peut paraître paradoxale car c'est la carence elle-même, la privation avérée, qui forment le mythème. Depuis la mort de son père, et avec le concours de sa mère, la famille est décrite comme « jouet du destin » ; elle a été privée de tout devenir honorable. Lui-même reprend à son compte la chute sociale et la logique « jouet du destin » qu'il pousse à l'excès en doutant de sa légitimité en toutes circonstances et parfois même il doute de son humanité. Malgré son évidente réussite, il se vit dans un état d'immigration, non seulement statutaire mais aussi physique, car il a honte de sa couleur de peau : il a un teint mat de méditerranéen, mais lui se sent « noir » et développe une phobie du soleil pour ne pas accentuer cette « négritude ».

Dans son mythe individuel il est un homme sans racines, sans histoire, sans traditions, et de cela il en veut à son père qui a omis de régulariser sa situation en demandant la nationalité française, de sorte qu'il est mort en perdant tous les droits sociaux afférents à cette nationalité. Il est mort à 52 ans d'un cancer rapide et M. N. dit de lui : « Que pourrais-je transmettre ? Il ne m'a rien transmis. ». Ce n'est pas la tristesse qui l'emporte, c'est la rancune d'avoir été abandonné dans une situation de précarité aux mains d'une mère toute occupée à se morfondre en ressassant leur mauvais sort. « Ma mère s'est arrêtée de vivre, lorsque mon père est mort ».

Voilà le constat d'une privation relationnelle grave et réelle, de sorte que nous pouvons interpréter la privation qu'il inflige au thérapeute comme une réplique, déjà transférentielle, de ce qu'il a subi. C'est un mécanisme d'identification projective qui nous permet d'espérer que la clôture du champ imaginaire n'est en fait qu'une mesure défensive : le tableau mécanique, « opératoire », que M. N. présente, prend un arrière-fond inconscient où la reproduction de la carence relationnelle est à rapprocher d'une répétition traumatique plutôt que d'un effondrement du préconscient.

Malgré son refus d'historicité, j'apprendrai quand même deux événements de son passé. Ces événements semblent peu investis et significatifs ; pourtant, il est apparu au décours de notre travail qu'ils avaient formé deux épicentres

organisateurs d'un réseau de significations refoulées, de non-su et de non-sens.
- Tout enfant, M.N. souffrait d'un eczéma géant si torturant qu'on ne pouvait le calmer. Le seul véritable souvenir que M.N. garde de son père c'est l'image de cet homme qui tentait de l'apaiser en l'enveloppant tout entier dans une gaze blanche pour protéger sa peau.
- L'autre événement n'est même pas un souvenir ; c'est une information qu'il tient de sa mère, croit-il : étant nourrisson il a dû être hospitalisé en raison d'une rupture stomacale consécutive à un gavage alimentaire.

Pour le reste de son histoire, il n'y a ni scènes précises, ni ouï-dire, simplement la réminiscence d'un vécu d'oppression fonctionnelle dans le grand silence d'une maison endeuillée.

Etant donnée la faible participation imaginaire et émotive, nous avons commencé à travailler à partir du rêve que M.N. avait retenu de la nuit précédant sa première séance.

M.N. produira en tout 150 rêves qui serviront de base à sa prise de parole en séance durant deux ans. Tout d'abord, il a inauguré le style du travail par un rêve, puis il a tenu un cahier de ses rêves qui devenaient ainsi écriture et durée, histoire de rêves. Ils ont servi d'intermédiaires transactionnels entre nous, selon qu'il apportait ou n'apportait pas de rêve ; ils ont aussi fait office d'objet transitionnel dans la mesure où le jeu métaphorique du rêve et de son interprétation introduisait un régime potentiel, plus vague, avec ses paradoxes, son temps réversible, son principe d'identité laxiste et ubiquitaire. M.N. qui au début prenait la parole d'un ton de rapporteur neutre, commissionnaire de son inconscient, s'est impliqué de plus en plus, s'est mis à jouer avec ses rêves et finalement a laissé son affectivité entrer dans le champ transférentiel.

L'analyse de ce cas se limitera au matériel de ces 150 rêves. Ce sont, pour la plupart, des petits rêves brefs, sans commentaires ni associations.

Le rêve inaugural :
Rêve 1 : un homme de couleur sort d'un bocal de verre où il était planté en terre à côté d'une plante verte. On voit plusieurs racines en surface.

Il ne sait pas quoi dire de ce rêve, mais en ressent une forte impression d'énigme ; ça le dérange, l'intrigue ; il y voit bien quelque intentionnalité de son inconscient, mais ça reste un mystère.

De notre côté, en dehors d'une réalisation simpliste du désir d'avoir des racines et la mention de l'identité désidéalisée du sujet sous l'allusion à « l'homme de couleur », nous ne voyons pas la clé de cette énigme. On y reviendra plus tard.

L'ensemble des rêves

Le but d'une analyse globale des rêves est de faire apparaître les répétitions qui nous échappent en général lorsque nous travaillons rêve par rêve. On peut se souvenir d'avoir déjà rencontré telle ou telle figure ou configuration onirique, mais, à moins d'une véritable récurrence de cauchemars traumatiques, l'impression de déjà vu reste vague.

Par contre, si l'on relève les répétitions dans l'ensemble des rêves et qu'on les traite comme telles, c'est-à-dire en fonction de leur fréquence et du contexte qui les fait augmenter ou disparaître, nous pouvons nous forger une idée de l'organisation traumatique, de son thème, de ses rythmes, de ses implications comportementales et symptomatiques.

Les répétitions

1er niveau : ce qui frappe dans l'ensemble onirique produit par M.N. c'est la prédominance massive de la kinesthésie. β des rêves expriment un déplacement corporel : courir, dépasser, rattraper, s'approcher, marcher, passer, avancer, descendre, faire demi-tour, dévaler, traverser un espace, etc.

A ces verbes, il faut ajouter toute une liste de sports : natation, rafting, surf, basket, foot, escrime, course à pied et, plus que tout, course à vélo, VTT, et moto.

A cette prolifération d'indices de mobilité corporelle on peut ajouter la répétition de citations des membres inférieurs et supérieurs : jambes, pieds, chevilles, bras. Or, cette mobilité n'est pas sans problèmes, puisqu'on trouve aussi, très souvent, des situations d'obstacle ou de blocage : tomber, être bloqué, bousculé, arrêté ; rencontrer des murs, des barrages, des entraves ; se traîner à genoux, se blesser aux jambes, etc.

Etant donnée la fréquence des répétitions d'un tel thème nous en concluons que la mobilité s'est constituée en nœud traumatique, dans une dynamique conflictuelle, puisque deux tendances contradictoires s'opposent avec des fréquences de même ordre. C'est un conflit basique où se pose l'affrontement activité/passivité sur la scène corporelle : M.N. veut déplacer son corps et, la plupart du temps, il n'y arrive pas ou quelque chose l'en empêche.

Le plus simple est de considérer cette thématique du trauma comme une tentative d'évacuer le choc de la paralysie récente. On serait alors dans un schéma de névrose actuelle. Il n'y aurait là rien de très profond du point de vue de motions inconscientes refoulées.

A ce premier niveau d'analyse nous opposerons cependant un deuxième plan moins actuel : le père de M.N. était un sportif professionnel dont la discipline mobilisait essentiellement les jambes et les bras. En tenant compte de ce deuxième plan, on dépasse la problématique d'une liquidation de trauma actuel, pour mettre en résonance la surdétermination affective de la pratique du sport avec le surinvestissement qui apparaît dans les rêves. La question paternelle se pose dans un conflit de tendances.

En tout état de cause ce corpus de répétitions persistera sur les 150 rêves avec toutefois une inflexion du rythme significative : le rapport obstacles/déplacements passe de 22/54 (40%) à 7/51 (15%). La décrue s'amorce après le rêve n°91. Nous en déduisons que ce rêve a contribué à atténuer notablement le conflit entre les deux tendances qui s'opposaient ou encore, qu'il constitue une expression de refoulé moins dangereuse ou moins inacceptable.

2e niveau : au-delà de la prolifération kinesthésique on verra apparaître une autre série de répétitions ; moins récurrentes, plus déformées mais reconnaissables, leur thème est l'enfouissement dans la terre.

Le rêve inaugural est le premier de cette série, mais il faudra attendre quelques mois avant que le thème ne revienne. En fait, c'est lorsque le seuil d'angoisse d'abandon devient critique que le thème de la terre et de l'enfouissement se manifeste. Il s'agit là de résurgences archaïques. En effet, il a fallu sept mois avant que M.N. accepte de sentir ses émotions. C'est une séance où il répète pour l'énième fois « je suis fatigué » et s'aperçoit qu'il dit cette phrase partout et à tout bout de champ alors qu'en fait il ne se sent même pas fatigué. Ayant reconnu que la phrase n'était pas véritablement en adéquation avec ce qu'il ressentait, il prend conscience d'un coup que c'était une phrase qu'il avait entendue mille fois dans la bouche de sa mère et qu'il la répète exactement comme elle. A la suite de cette séance il fait un rêve déterminant.

Rêve 29 - Ma mère est sur une planche à voile. On doit partir ensemble, mais elle ne m'attend pas. Elle ne peut plus faire demi-tour. Je suis sur une autre planche et je ne peux pas la rejoindre. Les courants sont contraires.

Pour tout commentaire il ajoute : « Je suis tellement en attente d'elle ». Il découvre ce manque avec une grande nostalgie et se met à pleurer. C'est la première fois depuis que nous nous connaissons.

Qu'en conclure ? Il laisse s'éloigner sa mère, prend de la distance et, ce faisant, défusionne. Il se dissocie du « je suis fatiguée » qui redevient parole de sa mère et non plus sa parole à lui. Si nous voyons dans l'écholalie du « je suis fatigué » un trait indiquant l'identification inconsciente à la mère, nous voyons aussi que la défusion opère une désidentification.

Il faudra encore attendre huit mois avant qu'un rêve vienne indiquer une autre coupure d'avec la mère. C'est le jour anniversaire de la mort de son père il fait le rêve suivant :

Rêve 91 - Je suis en séance avec vous. Ma mère arrive avec d'autres membres de ma famille. On continue le travail, vous leur expliquez leur rôle, mais je veux continuer seul. Je leur demande de partir.

C'est bien un rêve de séparation, mais à la différence du rêve 29, ici, le départ de la mère est exprimé comme volonté et non plus subi passivement. La dyade sur fond océanique s'est élargie à plusieurs personnages, avec possibilité de médiation. C'est une perte assumée.

C'est après le rêve 91 que la tendance à la disparition des obstacles au déplacement corporel s'accentue significativement, bien qu'elle ait été déjà amorcée après le rêve 29. Entre ces deux rêves M.N. a vécu plusieurs mois d'angoisse à un seuil critique ; or, nous notons qu'en corrélation avec cette « montée » d'angoisse est apparue dans les rêves l'image du père en tant que SON père. Par exemple :

Rêve 34 - Je vois mon père. Il est médecin, en costume de travail avec une épingle à cravate. Je me dis que je n'ai pas cette épingle.

La même nuit, suit un autre rêve, après une vague impression d'avoir pensé au film « La liste de Schindler ».

Rêve 35 - Je fais sortir tout un peuple, puis ils me font le reproche qu'il n'y a rien à manger. Je vois qu'on gave un singe. Ca ne se fait pas ! J'attends un avion de ravitaillement.

La plupart des rêves qui suivent cette nuit de l'apparition du père mettent en scène, sous des formules diverses, un scénario d'impuissance et d'échec.

M.N. vient de remanier son identification à la mère fatiguée mais pour autant il n'est pas encore en mesure de s'identifier à un père « capable » de soigner ou de prendre en charge « tout un peuple ». Pour s'approcher de l'image de son père il reste donc en position passive, voire masochiste, comme s'il s'approchait en même temps de l'épicentre de sa terreur.

La terreur reconnue par M.N. a pour objet sa maladie et le risque d'infirmité mais ce qui apparaît dans les rêves suivants va au-delà de ce problème réel et actuel.

Rêve 63 - Il y a plein de sable, c'est le désert. Dans un pot, un arbre planté en terre. Il y a beaucoup de terre dans ce pot. Je regarde et je fais la différence entre la terre du pot et celle qui est dans mon ventre gonflé. Quand j'appuie sur mon ventre, il se dégonfle.

Voilà un rêve qui nous rappelle le thème du rêve inaugural, le rêve énigme qui répète encore son énigme. L'homme du premier rêve est remplacé par un arbre, il disparaît donc sous une métaphore assez simple. Il y a plus de branches et moins de racines, mais le rapport à la terre est identique : il y est planté. L'autre variante est la présence du sujet-rêveur : il regarde, il sait faire la différence et apparemment cette épreuve de la différence passe par une partie de son corps, le ventre. Or, un ventre gonflé n'est pas sans nous rappeler l'événement très précoce vécu par le nourrisson, c'est-à-dire l'hospitalisation pour dilatation stomacale. Entre le bébé en souffrance et le père « planté », le trait d'union est la terre : si l'homme est dans la terre et la terre dans le ventre d'enfant, on peut penser que l'homme est aussi dans l'enfant mais sous sa forme « enterrée ». Nous pensons alors à une identification au père mort, identification non symbolique mais réelle, cadavérique, soit une incorporation du père enterré trop tôt.

On voit, dans ce cas de figure, combien le niveau est plus archaïque que l'identification à la « mère fatiguée », ce n'est pas encore dans la parole ou le discours que cette forme prend possession de l'inconscient de l'enfant, c'est directement dans son corps, encore que le rêve montre qu'il est possible de passer du corps à la parole.

Comment situer une identification de cet ordre ?

Il va de soi qu'elle n'a pas pu se construire lors de l'hospitalisation du nourrisson :

- le père était encore vivant,
- l'âge de l'enfant implique que l'organisation de son appareil psychique n'était pas en mesure d'inscrire une relation aussi complexe. Par contre, le fait que puisse s'établir dans l'inconscient, a posteriori, un lien avec l'expérience du « ventre gonflé » nous indique qu'il y a eu une inscription

psychique de cette expérience. Comment ? Quelle inscription ?

Ce que nous savons des nourrissons de quelques mois (notamment par les travaux de Spitz) c'est qu'un premier deuil peut s'inscrire sur un mode mortifère dès huit mois, il correspond à la première différenciation Moi/non moi ; c'est donc, à l'occasion d'un vécu de perte, l'investissement d'une limite qui se joue, dans un effet traumatique plus ou moins bien supporté.

Or nous voyons dans le rêve 63 que le sujet est tout occupé à « faire la différence » comme si le tout premier travail de deuil se rejouait à l'occasion du « père planté ».

Si l'on en juge par les symptômes infantiles dont nous a fait part M.N., il semble que les éléments d'une névrose étaient déjà en place très tôt, avant même la disparition du père. Il n'est donc pas absurde de penser que dès le deuil différenciateur originaire, une surcharge affective est venue initier un fonctionnement traumatique. Un trauma sans image, pur choc quantitatif, pris dans le corporel au moment où la figure de l'autre apparaît dans le relationnel et s'y inscrit comme effraction du pare-excitation.

Le premier temps d'une névrose traumatique originaire est un temps de douleur insensée. Ici, nous le situerons lors de la rupture stomacale, en raison de la conjonction d'une douleur et l'expérience de modification des repères que constitue une hospitalisation.

Mais, si cet excès d'affects est en mesure de causer une perturbation traumatique, il manque une forme, une image, pour circuler dans le réseau des représentations. Paradoxalement, c'est un fait non-advenu du point de vue de l'appareil psychique. C'est là qu'intervient un deuxième traumatisme pour « accrocher » à une autre situation la charge affective insensée.

Le deuxième temps de la névrose traumatique originaire est un déplacement d'énergie : le surinvestissement d'une scène, à partir d'un lien d'analogie. Dans le cas de M.N. nous pensons que l'analogie s'est présentée dans la séquence : disparition du père/souffrance de la mère/modification de l'environnement et peut-être, mais ce n'est qu'une conjecture, la circulation dans la parole familiale du terme « hôpital » où le père a séjourné avant de mourir.

La spécificité de la deuxième scène traumatique est :
- d'être prise dans un effet de répétition,
- de fournir à l'inconscient un élément du contexte (ici, c'est la terre) qui s'érige en icône de tout l'ensemble traumatique. La terre devient en somme la première pierre sémantique de la construction imaginaire autour de l'excès traumatique originaire. Cette icône permet de faire advenir a minima, dans le champ des représentations, quelque chose du premier traumatisme.

Dans le rêve de M.N. on saisit bien le passage entre les deux situations, l'une mémorisée, l'autre immémoriale, à travers le signifiant « terre » qui représente, dans une condensation holophrastique, l'enterrement, le ventre, la douleur, le même et la différence. Ce rêve est d'ailleurs suivi, durant un mois et demi, de plusieurs autres reprenant le thème de la terre, de l'enfouissement, et même du cimetière.

Nous arrivons ainsi au rêve 81, point culminant de cette époque d'angoisse critique.

Rêve 81 - C'est une bagarre de rue. Mon groupe a le dessous. Quelqu'un dit d'appeler Adam. C'est un père très costaud. Il vient. Soudain je me retrouve à flanc de colline. Il y a d'énormes champignons. Je les coupe avec un bâton. Ils se désintègrent. J'arrache ce qui recouvre la colline. Je dépèce la terre. Alors une bouche qui est à même la terre me dit : « laisse ça tranquille et pars ! ».

A la suite de ce rêve l'angoisse s'est notablement calmée.

Que voyons-nous ? Le rêveur est actif à se défendre. Il est armé et peut même faire appel à un père protecteur. Adam, père primordial, qui calme l'agressivité du rêveur. Il est question, là encore, d'une séparation : « laisse ça et pars ! », mais c'est une voix d'outre-tombe qui ordonne la coupure.

C'est quasiment la mise en scène textuelle de la fonction séparatrice de la parole du père en tant que médiateur symbolique. Le père protecteur a été retrouvé si nous en jugeons par les effets de sédation de l'angoisse. Il s'est interposé entre le bâton agressif du fils et ce « flanc de colline » qui peut tout aussi bien figurer l'amalgame terrifiant entre le flanc de la mère, le ventre de l'enfant et le cadavre du père.

Mais nous ne sommes plus ici dans une dynamique d'enfouissement, le pot où l'on prend racine est remplacé par un dépècement, soit une peau de surface ; or, la peau, c'est bien l'objet de préoccupation du père, de son vivant, pour protéger l'enfant qui souffrait d'eczéma géant.

Par rapport au rêve 63 il y a une nette évolution : alors que le ventre gonflé de terre montrait une limite dedans/dehors parasitée par l'incorporation mortifère et connotait une douleur au-delà des mots, ici, la peau existe comme métaphore territoriale d'une limite topique.

Certes, elle est encore vulnérable, mais sa vulnérabilité est une offre faite au père pour donner la preuve que le père protecteur a existé. C'est une offre de récidive.

Et d'ailleurs, dorénavant, dans les moments difficiles, c'est la peau qui va prendre le relais de la spondylarthrite : dès que M.N. se sent dans un état critique, dès qu'il a besoin d'aide, sa peau se « dessèche », se desquame. Il refait de l'eczéma, mais plus aucune poussée de spondylarthrite.

Que s'est-il passé en profondeur pour qu'une telle substitution de symptômes ait pu se produire ?

Il paraît clair que toute la série des rêves faisant état d'une position féminine masochiste servait à couvrir, au prix de l'impuissance et de l'échec, une situation plus terrifiante encore.

L'incorporation du père mort et enterré gisait sous le voile du père castrateur. L'enjeu œdipien n'était qu'une broutille en regard de la cadavérisation. Il manquait, pour atténuer la violence de ces deux formes de père dangereux, la figure du père protecteur. Or, cette figure n'était pas accessible parce que le discours de la mère en empêchait l'intégration par une litanie permanente qui attribuait à la mort du père la disgrâce de la famille. Il eut fallu entrer en contradiction avec la seule parole parentale qui définissait la réalité familiale.

Or, si l'on reste fidèle à la théorisation de Ferenczi, il est indispensable que l'enfant puisse créer une relation d'aide malgré le trauma, quitte à endosser lui-même la fonction secourable pour devenir l'enfant-soignant-son-agresseur. C'est la seule issue défensive non mortifère. C'est donc un moment crucial dans la formule de l'identification à l'agresseur, car, si la figure protectrice est impossible à sauvegarder, alors il ne reste plus à l'enfant « martyrisé » que le suicide... » à moins qu'au dernier moment il ne se produise quelque chose de favorable dans la réalité. Cette chose favorable à laquelle nous nous référons, face à l'impulsion suicidaire, est le fait que dans ce nouveau combat traumatique le patient n'est pas tout à fait seul.[1] ».

[1] Ferenczi, « Réflexions sur le traumatisme », article posthume, *Œuvres*, T.IV.

Il faut prendre le terme « martyrisé » avec quelque nuance. Ferenczi soignait des patients dont l'enfance avait pu être tumultueuse, mais ce n'étaient pas des enfants battus, affamés ou torturés. Le « martyre » est d'ordre psychique plus que physique, c'est la souffrance et la détresse d'une impossibilité à être « entendu » et à trouver un havre de protection. Or, ces « enfants martyrisés » sont quand même arrivés à l'âge adulte. Ils ont donc trouvé une formule pour pallier le déficit de la fonction de protection.

Pour M.N., c'est sans doute parce que, dans le travail thérapeutique, il a été possible d'intégrer la figure du père protecteur que l'effroi supporté par l'identification mortifère va s'affaiblir. On constate alors un remaniement profond de l'équilibre défensif : la position masochiste/passive disparaît en même temps que s'affaiblit la fréquence des obstacles à la motricité.

Or, s'il a fallu attendre le travail thérapeutique pour que s'intègre la figure protectrice, comment M.N. s'organisait-il avant pour faire fonctionner l'auto-conservation que suppose un principe de protection ?

C'est là que ses symptômes somatiques prennent une fonction psychique, car il est clair qu'il se faisait soigner réellement : il réalisait le secours comme fonction externe dans le vide de la fonction interne. Ce qui signifie que ce vide n'était pas tel qu'il ne puisse cependant être encadré par quelque chose, quelque trace, qui permettait que la réalité puisse se loger là en élément substitutif. Et c'est bien la résistance de ce cadre d'origine qui a permis au travail thérapeutique de donner forme psychique à la fonction de protection.

A la suite de quoi les positions secondaires ont déployé leurs mécanismes ; en effet, après l'apparition du père-guide dans plusieurs rêves on verra s'ébaucher une identification œdipienne classique dans les derniers rêves.

Rêve 120 - un comte enlève une mère devant son fils (c'est un film). Il viole la femme. Le fils s'active pour faire cesser le viol. Le comte s'énerve. Le fils part et revient derrière le rideau. Il porte sa tête dans sa main droite (c'est un gag de diversion pour faire peur au comte).

Rêve 139 - J'ai une épée et des armes blanches. Je suis fier de les avoir.

Ici, l'élaboration mentale est différente des autres rêves. La structure fictive est soulignée, il y a construction d'une scène primitive à trois, d'une rivalité ludique et d'une castration « pour rire ». Enfin, alors que dans le rêve 34 M.N. n'avait pas d'épingle à cravate comme son père, dans le rêve 139 il possède ses armes blanches et il en est fier.

Premières conclusions

A ce niveau d'analyse on peut déjà tirer du cas de M.N. quelques enseignements pour mieux comprendre la conduite suicidaire.

On a vu, à plusieurs reprises, l'importance de l'impact d'un remaniement identificatoire sur la symptomatologie : lorsque M.N. cesse d'être une mère fatiguée, puis quand il est aux prises avec les différentes figures du père. Chaque fois, il s'en est suivi une modification importante au niveau des symptômes : afflux d'émotivité, croissance puis décroissance de l'angoisse, variation du rythme des répétitions, et même, modification du symptôme psychosomatique.

Or, si l'on parle d'identification, on fait référence au Moi et à son rapport à l'Idéal du Moi. Ainsi, ce que nous montre cette clinique de la névrose traumatique originaire, c'est que le conflit de la libido narcissique génère, dans ces cas, tout autant de symptômes que le conflit dans la libido d'objet.

Alors que les motions refoulées ne portent pas sur des désirs concernant telle ou telle satisfaction, mais sur des modèles inconciliables ou non congruents, nous constatons cependant la formation de défenses, non pas par déplacement d'un objet sur un objet voisin, mais par déplacement, surinvestissement, isolation, de certaines images identificatoires. Or, le résultat de telles défenses pourrait tout aussi bien passer dans le cadre d'une névrose d'angoisse, d'une phobie, voire d'une névrose de caractère, si ce n'était la gravité des passages à l'acte ou des atteintes somatiques.

La différence est pourtant significative, dans la mesure où chaque identification réprimée ou refoulée gouverne tout un champ relationnel, alors qu'un élément objectal refoulé n'entre en connexion qu'avec d'autres éléments plus ou moins analogues.

Il est donc logique de constater des modifications de grande envergure lorsque survient un remaniement identificatoire. Il est tout aussi logique d'en inférer que les aspects pathologiques auront aussi la même amplitude ; c'est d'ailleurs ce qu'on constate généralement dans le travail avec les adolescents.

Mais, finalement, malgré la masse des déplacements d'énergie, les investissements sont mobilisables, alors que, dans les structures narcissiques, les troubles et les investissements sont réputés être adhésifs, donc peu mobiles.

Une thérapeutique du suicide réactionnel doit absolument tenir compte, en priorité, de la problématique identificatoire et narcissique, mais il faut la traiter comme une névrose ordinaire, dans le cadre de l'absence d'une représentation dont on peut s'attendre au surgissement à tout instant.

Qu'il ne s'agisse pas d'un élément refoulé mais d'une représentation en forme de métaphore primitive nous indique simplement que le sens n'a pas été refusé mais qu'il n'a pas pu prendre place. C'est quand même une question sémantique. Une représentation refoulée cache une autre représentation, une représentation en instance cache un non-sens, une énigme. Le dévoilement n'est pas du même ordre, il ne s'agit pas de faire accepter l'inacceptable mais de permettre que l'impensable soit pensé.

Il faut se rappeler que pour un enfant l'impensable ce n'est pas l'incapacité de penser, mais l'impossibilité de partager une représentation et de la valider dans ce partage.

Un autre élément, mis en valeur par Ferenczi, prend ici toute son acuité clinique : dans le cas d'enfants soumis à un traumatisme précoce, s'il advient, lors d'un autre moment traumatique, que l'identification à une figure maternante secourable s'avère impossible ou s'effondre, en fonction d'une situation d'invalidation de la puissance protectrice (externe ou interne), alors surgit une impulsion suicidaire.

En somme, il est plus efficace pour la survie, d'adopter son agresseur, quitte à se cliver et à se mortifier partiellement, plutôt que d'abandonner tout espoir en une figure providentielle. Il vaut mieux s'hypostasier sous la figure de son agresseur, voire apostasier sa propre sensibilité, que de cesser de croire qu'un recours est possible. Cela nous indique quand même que l'enfant détient des ressources de « bricolage » auto-plastique pour sauvegarder son rapport à la réalité ; la répétition fait partie de ces ressources en intégrant la réalité comme suppléant psychique de fait en cas de danger de déréalisation.

D'autres conclusions, à partir de ce cas, seront utiles pour la compréhension de la structure suicidaire, mais il faut auparavant approfondir l'analyse de l'organisation spécifique que je tente de définir comme « Névrose traumatique originaire ».

LA STRATIFICATION DU TRAUMA

Le cas de M.N. illustre bien la difficulté pour un thérapeute de repérer le niveau identificatoire où se trouve le patient. Or c'est important, car une interprétation qui mettrait en avant un désir du même, sur le mode hystérique, irait tout simplement à contre sens d'un besoin vital d'introduire de la différence comme on l'a vu dans le rêve du « ventre gonflé ».

On peut s'y laisser prendre, car il n'était pas si évident de repérer que l'identification dans le champ de l'imaginaire, hystérique comme le trait de la mère fatiguée ou masochiste dans la position passive, cachait un autre type d'identification dont on a vu que la fonction différentielle l'emportait largement sur la forme du modèle.

Comment ne pas confondre ces deux fonctions lorsqu'elles sont étroitement imbriquées voire utilisées en contre-investissement l'une de l'autre ? La tonalité transférentielle est ici d'un grand secours, car si le matériel hystérique n'est pas en corrélation avec une affectivité hystérique, il faut le considérer comme un matériel écran.

D'autre part, si l'on repère que l'identification à l'agresseur abandonne les formes de sollicitude, active ou passive, pour se tourner vers l'inertie et l'impuissance, on sait qu'on approche des marges suicidaires et qu'il peut être bon d'être plus intrusif, voire d'utiliser la réalité externe comme palliatif anecdotique pour enrayer la dérive auto-abandonnante.

Dans ces séquences un peu troubles pour le patient comme pour le thérapeute, il est utile de s'appuyer sur le traitement du contexte (de l'environnement, des comportements de la vie quotidienne...) pour comprendre la fonction mise en jeu par les différents moments identificatoires.

Ainsi, dans l'histoire de M.N., lors de son premier accident de la série répétitive du trauma, à l'âge de 30 ans, alors qu'il a été renversé par une voiture et gît par terre, avant de sombrer dans le coma, il se souvient de la scène avec précision : « je vois s'agiter les gens autour de moi et je voudrais leur dire que je ne suis pas mort et je ne peux pas. ».

Comment situer le plan temporel où s'exprime cette phrase ?

Dans l'actualité de l'accident : il se fait certes sentir un besoin d'être avec les vivants qui s'agitent et qui l'entourent.

Au-delà de l'actuel : on relève une dénégation : « je ne suis pas mort » redoublée d'une impuissance « je ne peux pas ».

Cet état d'impuissance n'a-t-il pas fait s'effondrer une barrière défensive, de sorte que le refoulé de la dénégation puisse s'exprimer et révèle un « je suis mort » préexistant dans l'inconscient mais barré par des contre-investissements hermétiques ? Nous aurions là le contenu de l'incorporation mortifère, avoué dans un moment de répétition réalisante. On voit l'importance du « ne pas » qui s'oppose comme élément différentiel à l'innommable de la mort.

Aucun thérapeute n'est là pour entendre cette dénégation, mais il est clair que, dans cette scène, la fonction différentielle est bien plus importante que la fonction objectale qui le lie aux vivants. Ici, les vivants-soignants doivent d'abord être témoins de sa différence avec un cadavre tout en occupant le vide du père soignant.

Ce « je ne suis pas », au bord de l'évanouissement, est encore un moment défensif contre le vécu de détresse totale où l'on a vu (rêve 63) l'image d'un nourrisson dont l'abandon va jusqu'à s'enterrer dans son propre ventre.

Dans le temps actuel M.N. ne manque ni de soins ni de sollicitude, et c'est même parce qu'on s'affaire autour de lui pour le soigner que surgit cet effet d'originaire où, par contre, la détresse était déréliction.

Et il faut croire que l'attaque de « l'innommable originaire » a été particulièrement forte lors de cet accident puisque c'est à la suite de cette expérience que s'est enclenchée la série des catastrophes avec l'éclosion d'une maladie psychosomatique. Est-ce la douleur, la chute ou l'hospitalisation qui a produit un tel rappel ? Est-il pertinent de penser qu'un événement aussi ponctuel puisse avoir un effet sur des processus somatiques largement déterminés par des facteurs physiologiques ? En somme, la spondylarthrite ankylosante est-elle une maladie psychosomatique ?

On relèvera les facteurs génétiques avec la présence régulière du H.L.A. B27 dans la formule sanguine des personnes atteintes de cette maladie. Cependant, même les généticiens s'accordent pour dire que les facteurs environnementaux ont une influence sur le cours de cette maladie. Le cas de M.N. nous montre que la fréquence des récidives a partie liée avec son vécu relationnel. Si l'origine de la maladie est strictement somatique, par contre, le déroulement, l'évolution du processus pathologique nous apparaît comme largement tributaire de l'organisation défensive psychique de ce patient. Une défense dont on voit qu'elle lutte dès l'origine contre la pulsion de mort plus qu'elle ne lutte contre l'interdit de la pulsion sexuelle.

La répétition somatique ainsi que la répétition comportementale et les répétitions dans les rêves ne sont qu'un même effet de l'insistance de la pulsion de mort déchaînée par le traumatisme originaire et réactualisée par les différents traumatismes. En fait, ce qu'on appelle compulsion de répétition n'est pas une expression directe de la pulsion de mort mais plutôt l'indice d'une défense contre elle, de la part du sujet.

Freud a mis en évidence clinique le lien de cette réitération défensive à partir des cas de névroses de guerre, avec les cauchemars répétitifs qui tentent d'abréagir les circonstances traumatiques. La compulsion de répétition n'est le régime de la pulsion de mort que dans la mesure où c'est le mécanisme le plus direct pour recréer du lien psychique après le vécu d'éclatement et d'anéantissement : le sujet embraye indéfiniment sur la position où il a subi une désubjectivation. La répétition n'est donc pas une déliaison mais une liaison, donc une érotisation ; c'est la liaison spécifique des névroses traumatiques qui, comme toutes les névroses, se basent sur un compromis de défense plus ou moins coûteux en symptômes.

A ce titre, les répétitions peuvent être envisagées comme des formations réactionnelles contre les effets de déliaison de la pulsion de mort. Certes, stricto sensu, une formation réactionnelle prend le sens opposé d'un désir refoulé, mais dans le cas précis de la pulsion de mort, si le « désir de rien » est difficilement refoulable, on voit que son opposé est le « désir de quelque chose » ; la forme de la « chose » est indéterminée, voire indifférente, pourvu qu'elle s'oppose au « rien ».

Une répétition est un acte ou une formation imaginaire compulsive qui entre directement en opposition avec la pulsion de mort, mais comme toute formation réactionnelle, la répétition, tout en s'opposant à ce qui cause la déliaison de la pulsion, transporte l'indice de cette cause du « rien » ; ainsi prend-elle tournure paradoxale comme dans l'agir suicidaire réactionnel.

Névrose a trois temps

Le cas de M.N. permet de mettre à jour une structuration de la névrose traumatique en trois temps, trois temps qui sont en fait trois strates de la névrose traumatique à la fois indépendants, puisque chacun génère sa propre série de répétitions, mais aussi en résonance réciproque, puisque chacun peut réactiver les deux autres et s'y agglutiner.

Première stratification :

Ce premier temps est quasiment mythique, dans la mesure où le sujet n'est pas encore rentré consciemment dans son histoire. Toutefois, il vit et son corps enregistre des traces, de même son psychisme enregistre au moins des intensités, des écarts, des variables émotionnelles. Le langage n'est pas structuré, mais il dévoile déjà son intentionnalité. Les messages sont énigmatiques quant à leur contenu mais se précisent quant à leur adresse jusqu'à ce que le sujet s'auto-détermine dans la compréhension de sa réflexivité. C'est le temps de l'originaire. Il faut une césure originaire pour que la réflexivité du sujet puisse fonctionner comme première loi syntaxique : le « Je me » exige deux plans qui se renvoient l'un à l'autre.

Pour M.N. nous avons supposé que la coupure originaire s'est produite lors de l'hospitalisation pour dilatation stomacale. Le rêve de la terre dans le ventre et dans le pot indique à la fois les deux plans, et le sujet qui s'identifie par son ventre douloureux. A cette étape du développement ce ne peut pas être une scène refoulée qui fait ici retour. Disons que quelque chose s'est inscrit qui fait un algorithme pré-sémantique mais déjà suffisamment différencié pour que d'autres situations vécues puissent l'appeler en raison d'une analogie.

Ces situations présentent deux caractéristiques : la douleur et un changement global de l'environnement. Ainsi, les répétitions les plus récentes s'activent à partir des changements de domicile et elles reproduisent chaque fois une douleur physique.

Deuxième stratification :

La névrose infantile proprement dite commence avec les symptômes de l'eczéma, des troubles alimentaires et, plus tard, des troubles du penser qui se fige dans des formules opératoires. Le sentiment de solitude vient d'aussi loin que M.N. peut s'en souvenir.

Tout cela aurait peut-être évolué vers une névrose d'angoisse classique sans le décès prématuré du père de M.N. A cinq ans, le voilà non seulement orphelin mais avec une mère endeuillée dans un deuil pathologique.

La douleur de la mère remplit la maison de lamentations et la vide de fréquentations. La disparition du père est redoublée par la modification de l'atmosphère familiale. C'est dire que nous retrouvons un lien analogique avec la première stratification du trauma : douleur + changement global du contexte. Les deux stratifications se recouvrent ou du moins la deuxième recouvre la première puisque nous voyons, plus tard, dans les rêves, le signifiant « terre » exprimer les deux situations.

Dans ce cas précis, il y a une date où l'enfant a pu inscrire « terre » comme symbole de la souffrance maternelle, c'est probablement la date de l'enterrement du père quand il avait 5 ans, mais peut-être aussi un simple discours où il était question de cimetière ou d'enterrement. On constate là que le moment sémantique : comprendre que la terre lui a pris son père et le bonheur de sa mère, a coapté le moment originaire jusque-là purement sémiotique (perceptif et émotionnel). Le symbole peut maintenant représenter indifféremment la première ou la deuxième stratification.

Cette formule économico/dynamique est fondamentale dans l'organisation d'une névrose traumatique originaire. En effet, lorsqu'un seul signifiant représente les deux moments traumatiques il surcharge de l'excès perceptif du premier trauma l'excès sémantique du deuxième trauma. Le trop de sens de la situation passionnelle vécue à la mort du père, recouvre d'un trait formel le trop senti de l'épisode du ventre rompu, mais aussi en récupère toute la masse émotionnelle et perceptive.

Troisième stratification :

C'est la stratification la plus récente et la plus superficielle, mais c'est ce troisième temps qui réactualise les symptômes et leur confère une amplification hors de propos.

Pour M.N. c'est la chute en vélo qui va inscrire ce troisième temps et inaugurer la dernière série de répétitions.

Dans ce troisième temps la terre est encore là, elle est réellement près du visage de M.N. quand il gît à terre et pense qu'il doit affirmer qu'il n'est pas mort. Il s'en suit une hospitalisation, puis les conséquences pathologiques que l'on sait. Là encore, l'algorithme originaire retrouve une application analogique et sans doute il n'est pas étranger à la multiplication des répétitions, tant dans les rêves que dans les symptômes.

L'étude globale des rêves de M.N. montre que ces trois strates réagissent solidairement au travail thérapeutique. Par exemple, lorsque intervient le remaniement identificatoire qui fait apparaître une figure protectrice du père, on en constate les effets sur trois plans :

- sur le plan de l'originaire, la limite différenciatrice manifeste des effets de coupure, de réaménagement de distance et de champs ;
- sur le plan infantile, c'est la figure même du père protecteur qui peut resurgir et échapper à la chape du deuil de la mère ;
- sur le plan de la névrose actuelle, on constate une modification économique par la diminution importante du thème des obstacles au déplacement dans les rêves.

Une telle solidarité des effets thérapeutiques nous indique qu'aucun des trois plans n'est « gélifié » ou clivé dans son économie puisque les répétitions circulent et produisent des liaisons sur chaque strate.

De même que les différents traumas se renforcent l'un l'autre, de même ils se réparent l'un l'autre. Et c'est bien compréhensible, car la figure centrale du trauma, sa ligne organisatrice, ce n'est pas l'objet, qui change et qui se perd, c'est le Sujet qui doit assurer sa permanence et son identité en toutes circonstances.

Sur les trois sédimentations traumatiques, le fil conducteur est le sujet lui-même, qui survit au moment traumatique et commémore sa survivance, dès qu'un seuil traumatique se représente, par les rituels inconscients de la répétition.

Thérapie du suicidaire

Dans la perspective de la clinique du suicide, il n'est pas inutile d'avoir à l'esprit la formule de la névrose traumatique originaire.

1) Cela permet de comprendre la disproportion entre la réaction suicidaire et le motif déclencheur. En fait, il suffit qu'un lien d'analogie s'instaure entre une scène actuelle et, soit la scène du trauma infantile, soit l'algorithme du trauma originaire, pour que l'ensemble des trois strates se mette à réagir avec la surcharge affective et sémantique que nous avons signalée.

2) Le geste suicidaire n'est pas l'indice d'un effondrement de la personnalité, mais une tentative de rétablir une distance intérieure entre le sujet et une figure interne dont on n'espère plus rien ; c'est un appel à une figure externe providentielle, la providence est à entendre comme puissance soignante ; elle rétablira la possibilité de prendre soin de quelqu'un, quand bien même ce serait sous la formule inversée de l'identification à l'agresseur où c'est l'enfant qui se fait soignant de l'adulte ; il en reste, conceptuellement, la possibilité du soin dans une situation folle.

3) Dans le décours d'une thérapie de suicidant, il est bon d'avoir repéré et de garder en mémoire la scène traumatique la plus précoce. Et notamment les logiques répétitives qui en découlent. Lors de traumas ultérieurs ou simplement de situations qui s'approchent analogiquement de la scène

traumatique infantile, nous savons que le potentiel suicidaire s'active et tente de reproduire une situation originaire où le sujet a désespéré d'une aide jusqu'à son point désubjectivant de déréliction.

Bien entendu, il ne suffira pas de proposer de l'aide pour que se révèle chez le suicidant son identification vicariante. Trouver de l'aide à l'extérieur n'est pas rien et peut même stopper l'impulsion suicidaire, mais ce n'est qu'un expédient immédiat et provisoire qui ne résout pas la question de la carence intérieure de la fonction de soutien et d'assistance.

Dans chaque cas, la figure secourable est prise dans l'histoire de la personne et dans sa construction psychique ; elle ne peut donc se redécouvrir qu'au travers du schéma anecdotique qui a contribué à la destituer. Par exemple, pour M.N., l'aide qu'il peut recevoir passe nécessairement par les soins corporels, en réminiscence des soins paternels qui cherchaient à calmer la peau de l'enfant. De plus, cette forme d'aide ne peut être reçue et validée qu'en corrélation avec la prise de distance du discours maternel qui ressassait la défaillance de protection du père.

Il est indispensable que ces deux éléments figurent dans le transfert pour que M.N. remanie ses identifications. Or, cette configuration lui est spécifique et ne saurait être valable que pour lui, car, finalement, c'est bien lui qui a choisi de construire le rapport au père à partir de contre-valeurs de désertion et de trahison plutôt que de le hisser au rang idéal d'un héros mort, ce qu'il aurait tout aussi bien pu faire.

4) Dans la mesure où chaque strate est solidaire des deux autres, il sera possible de modifier tout l'équilibre traumatique au cours du travail thérapeutique et notamment par plusieurs entrées, en fonction de la problématique que présente le suicidant.

5) Quelle que soit l'insistance du patient suicidaire à parler de son objet, intrusif ou abandonnant, l'axe véritable de son conflit est sa position subjective et la difficulté qu'il a de conserver un différentiel qui maintienne son sentiment d'exister en tant qu'être désirant.

Toute tentative de suicide devrait donc se traiter en deux temps : un premier temps de thérapie de crise, un deuxième temps de thérapie analytique active.

La thérapeutique de crise se déroule sur un axe massivement économique : l'acte suicide met en circulation un maximum d'investissements par la rupture des défenses ordinaires et la perte des objets d'investissements habituels. C'est un temps bref, mais intense, où se produisent des introjections et des incorporations en accélération et en masse. Le défaut projectif des sujets-limite est le premier mécanisme à prendre en considération et à soutenir dans une thérapeutique de crise, de façon que la circulation des investissements s'équilibre entre un pôle interne et un pôle externe[2].

Lorsque la situation de crise est dépassée, il est souhaitable qu'elle ne soit pas isolée ou déniée, mais, au contraire qu'elle devienne la première pierre d'une réécriture de l'histoire du sujet avec la perspective d'intégrer dans la conscience actuelle les signifiants erratiques dans une mise en sens qui dévoile leur énigme. En effet, la conjonction de l'excès sémantique de la deuxième stratification du trauma avec l'excès sensoriel de la première stratification a constitué des sortes de « grumeaux », c'est-à-dire des signifiants qui

---

[2] cf. S. Olindo-Weber, *L'Acte-suicide*, op.cit..

n'ayant jamais pris sens pour le sujet, circulent sans attribution, comme des corps étrangers-familiers.

Or, leur potentiel déstructurant est particulièrement fort, non seulement parce qu'ils véhiculent l'énergie du traumatisme, mais encore parce que leur insaturation sémantique les rend particulièrement aptes a créer des liens d'analogie entre les situations passées et les situations actuelles.

Le travail de thérapie analytique active consistera à repérer ces signifiants erratiques dans le fonctionnement mental du sujet, à repérer leur mise en place historique dans le vécu du patient, et à les reformuler en dénouant « la confusion de langue » qui avait contribué à les créer.

Le cas de M.N. met bien en évidence le paradoxe de la structuration limite. En effet, dans la mesure où la névrose infantile précoce demeure difficilement décelable, il faut attendre la première mise en acte du symptôme pour que se révèle la structure.

Alors que les névroses classiques s'organisent au long cours sur un système de symptômes, dans le cas du suicide, ce n'est pas l'organisation symptomatique mais l'effraction de l'acte qui révèle la problématique névrotique. Une névrose traumatique est en soi une répétition d'effractions.

Un système d'effractions est une formule paradoxale, un oxymore de la clinique dont la théorisation est, par conséquent, difficile. De là, sans doute, la tentation d'en rester au concept de la névrose actuelle qui n'enregistre que le plus superficiel.

Or, dès que l'on admet que la réactivité actuelle n'est que l'expression d'une structure de désordre dont les fondements économiques et dynamiques résident dans le rapport d'affinité spécifique entre le trauma précoce et le trauma actuel, on dépasse la problématique d'une réactivité de surface pour admettre les faits comme expression d'une structure réactive appuyée, comme toute névrose, sur l'histoire intime du sujet.

XI - CA NE VAUT MEME PLUS LE COUP... !

En séance, un jour, elle dit d'un ton infiniment triste :
- « maintenant ça ne vaut même plus le coup que je me suicide ! »

Il y avait tant de nostalgie dans cette formulation plaintive que j'en fus moi-même endeuillée un instant. Toutefois, une autre part de moi se tranquillisait, parce qu'enfin, après dix ans de thérapie, il se produisait une accalmie dans les impulsions suicidaires de cette jeune femme.

Multirécidiviste de la tentative de suicide, elle avait aussi essayé toutes les drogues, l'alcool et quelques actes délictueux. Depuis que je la connaissais, deux ans à peine, c'était plutôt la dépression qui prenait le dessus. Elle ne désirait plus. Sans amour, sans travail, ni amis, elle dormait le jour pour s'éveiller la nuit à coup de psychotropes. Elle ne lisait plus, n'écrivait plus, ne sortait que pour venir me voir, faire quelques courses et boire.

En fin de compte, seul le symptôme suicidaire avait régressé et voilà qu'elle le regrettait.

Qu'avait-elle perdu en perdant son goût du suicide ?

Ca ne vaut même plus le coup... ! En fait, ELLE ne valait plus la peine de se donner la mort. C'est elle qui ne valait plus le coup de poser un tel acte. La dévalorisation de son image était telle qu'elle ne méritait plus aucun désordre, aucun appel. Elle était déjà tellement rien que le suicide n'aurait rien ôté à personne.

Cette patiente exprimait lucidement ce que les suicidants ont beaucoup de mal à décrire : il faut encore avoir de la valeur à ses propres yeux pour que l'acte suicide ait quelque sens. Il se peut que cette valeur soit la valeur même de l'agresseur mais, même lorsqu'elle attaque le sujet, elle prend valeur identificatoire.

Il n'est pas nécessaire de prendre modèle sur les suicides stoïciens, éthiques ou politiques, l'acte le plus simple, le réflexe suicidaire d'une personne ordinaire, a valeur d'idéal.

Ce qui se passait pour cette patiente, c'est un vécu de désidéalisation d'elle-même ; processus nécessaire pour que sa personnalité grandiose accepte de se banaliser ; mais le point de bascule était vécu ce jour-là, dans le désêtre de la perte d'une identification. Moment difficile, avant que ne se réorganise une défense mieux équilibrée.

A l'inverse de M.N., elle ne trouvait pas une figure secourable de substitution. Perdre son « trait de l'agresseur » créait un vide incommensurable. Il faut préciser que cette patiente ne présentait pas une structure de Sujet-limite mais plutôt d'un état-limite.

Dans une perspective de banalisation du suicide, qui ne surestime pas l'acte mais ne le dénie pas non plus, il se dévoile la fonction essentielle de l'agir suicidaire : marquer le coup. Ce que l'on traduira comme un effet d'encoche, soit se compter pour UN.

La tentative de suicide est une soustraction paradoxale : elle n'amène pas vers le zéro ce qui ne vaut plus rien ; cette patiente nous montre que c'est rester en vie qui l'amène à plus rien. L'agir suicidaire soustrait pour souligner la valeur positive de la perte : ce qui fera apparaître et sentir le manque. C'est inscrire en creux la valeur de l'être.

Dans l'échange avec le zéro de la mort, ce n'est pas rien pour rien. C'est tout pour rien ou le tout pour le tout. Dernier geste dont la valeur est forcément totale.

C'est pourquoi il faut prendre le suicidaire au sérieux ; lorsqu'il s'engage dans le processus autodestructeur c'est au service de sa valeur idéale. S'il consent à perdre cette valeur idéale, alors, « ça ne vaut même plus le coup... ! ».

SOMMAIRE

SOMMAIRE

www.ingramcontent.com/pod-product-compliance
Lightning Source LLC
LaVergne TN
LVHW010932051026
849532LV00003B/960